entdecken:

Lese- und Arbeitsbuch zur Bibel

zehn gebote

Herausgegeben vom
Katholischen Bibelwerk e.V.
mit Gedichttexten von
Wolfgang Dietrich

Verlag Katholisches Bibelwerk

Redaktion: Dipl.-Theol. Bettina Wellmann
Anschrift der Redaktion:
Katholisches Bibelwerk e.V.
Postfach 15 03 65, 70076 Stuttgart, Tel. 0711-6192063
E-Mail: wellmann@bibelwerk.de

Die Deutsche Bibliothek – CIP-Einheitsaufnahme
Ein Titeldatensatz für diese Publikation ist bei
Der Deutschen Bibliothek erhältlich.

ISBN 3-460-20023-5

Umschlaggestaltung: Tom Eggert, Stuttgart
Layout: Finken& Bumiller, Stuttgart
Gesamtherstellung: fgb · freiburger graphische betriebe

Inhalt

Vorwort

Vielen ist der Wortlaut der Zehn Gebote noch so vertraut, wie er früher im Katechismus stand: *»Ich bin der Herr, dein Gott. Du sollst keine anderen Götter neben mir haben.«* Und so steht es leider noch heute im Gotteslob (Nr. 61). Dabei wäre auf der entsprechenden Seite genügend Platz für den vollständigen biblischen Text gewesen: *»Ich bin Jahwe, dein Gott, der ich dich herausgeführt habe aus Ägypten, aus dem Sklavenhaus. Du sollst für dich keine anderen Götter haben neben mir.«*

Der vollständige biblische Text setzt einen durch und durch positiven Akzent. Gleich im ersten Satz erinnert er an die befreiende Erfahrung Israels von der Errettung aus der Sklaverei Ägyptens. Er erinnert an die Offenbarung des Gottesnamens »Jahwe«: Ich bin für euch da... Damit stehen die Zehn Gebote unter einem ganz positiven Vorzeichen. Sie sind Weisungen des Gottes, der den Menschen wohl will, der um das Gelingen menschlichen Lebens besorgt ist.

In diesem Sinne möchten wir Ihnen die Zehn Gebote auslegen. Jeder Auslegung folgt eine Anregung für die Bibelarbeit. Wir möchten Sie dadurch ermuntern, die Bibel nicht nur allein und privat zu lesen, sondern in kleinen Gruppen miteinander über die biblischen Texte ins Gespräch zu kommen. Vielleicht können Sie dabei hier und da die Erfahrung machen, wie ein Psalmbeter sie uns wiedergibt: *»Dein Wort ist meinem Fuß eine Leuchte, ein Licht für meine Pfade«* (Psalm 119,105).

Die poetischen »Zwischentöne« zu diesem Buch hat Wolfgang Dietrich (Marburg) gestaltet. Aus den biblischen Geboten hat er einzelne Worte herausgelöst und aktualisierende Gedichttexte verfasst.

Wir wünschen Ihnen eine anregende Lektüre!

Dr. Franz-Josef Ortkemper, Direktor des Katholischen Bibelwerks e.V.

Grundsätzliches zu den Zehn Geboten

1. Der Name

Die Bezeichnung Dekalog für die Zehn Gebote geht auf zwei Stellen im Buch Deuteronomium zurück (Dtn 4,13; 10,4). Dort ist von den »Zehn Worten« die Rede, die Gott auf zwei steinerne Tafeln schreibt. Die Septuaginta – die Übersetzung des Alten Testaments auf Griechisch – gibt dies mit »hoi deka logoi« (= »die zehn Worte«) wieder. Über das lateinische »decalogus« entstand unsere Bezeichnung Dekalog.

2. Unterschiede in der Zählung

	Jüdische Zählung	Reformierte, orthodoxe u. anglik. Zählung	Lutherische Zählung	Katholische Zählung
Präambel	1	} 1	} 1	} 1
Götzenverbot	} 2			
Bilderverbot		2	)*	)*
Namensheiligung	3	3	2	2
Sabbatheiligung	4	4	3	3
Elternheiligung	5	5	4	4
Tötungsverbot	6	6	5	5
Ehebruchsverbot	7	7	6	6
Diebstahlverbot	8	8	7	7
Zeugenaussage	9	9	8	8
Begehrensverbot	10	10	9 (Haus)**	9 (Frau)***
			10 (Frau)	10 (Haus)

*) Luther lässt das Bilderverbot weg, während Augustinus, auf den die katholische Zählung zurückgeht, es zum 1. Gebot rechnet.

**) nach Ex 20,17a

***) nach Dtn 5,21a

Die unterschiedlichen Zählungen machen Verschiebungen in der inhaltlichen Gewichtung der Gebote sichtbar. In der jüdischen Tradition gilt die Präambel »Ich bin der Herr, dein Gott...« als erstes Gebot, in der lutherischen und katholischen Tradition hat sie deutlich weniger Gewicht.

3. Die zwei Tafeln

Juden und Christen unterscheiden zwischen »zwei Tafeln« der Gebote: die erste handelt vom Verhältnis des Menschen zu Gott (Gottesrecht), die zweite vom Verhältnis zu seinem Mitmenschen (Menschenrecht). Die katholische und lutherische Tradition trennen die zwei Tafeln zwischen Sabbat- und Elterngebot und betonen im Verhältnis drei zu sieben stärker die Menschenrechte. Für die jüdische Tradition ist das Elterngebot ein Gebot der ersten Tafel, das sich auf Gott bezieht, da die Liebe zwischen Mann und Frau eine »Flamme Gottes« (Hld 8,6) ist.

4. Die Doppelüberlieferung in Ex und Dtn

Der Dekalog ist im Alten Testament zweimal überliefert: im Buch Exodus Kap. 20 und im Buch Deuteronomium Kap. 5 (siehe S. 140). An beiden Stellen folgt ihm eine Sammlung von Gesetzen: in Ex 20,22 - 23,19 das so genannte Bundesbuch, in Dtn 12 - 26 das Deuteronomische Gesetz. Diese sind als Auslegungen und Anwendungen des Dekalogs zu verstehen.

Beide Dekalogfassungen weisen fundamentale Übereinstimmungen auf, aber auch eine Reihe von Unterschieden z.B. beim Sabbatgebot, beim Elterngebot und beim Begehrensverbot. Die Frage, welcher der beiden Texte der ältere ist, wird unterschiedlich beantwortet. Derzeit neigt die Forschung dazu, die Dtn-Fassung als die ältere zu betrachten und ihren Entstehungszeitraum etwa im 8.-6. Jh. v. Chr. anzunehmen.

Am Anfang
das Ächzen
der Bauarbeiter.

Am Anfang
der Ruf
aus der Knechtschaft.

Am Anfang
Mirjams
Befreiungsgesang.

Vergesst mir
nicht die Stimme
des Anfangs!

Ich bin Jahwe, dein Gott, der dich aus Ägypten geführt hat,
aus dem Sklavenhaus. (EÜ)

Ich bin der Ewige, dein Gott, der dich geführt aus dem Lande Mizrajim,
aus dem Knechthause. (Zunz)

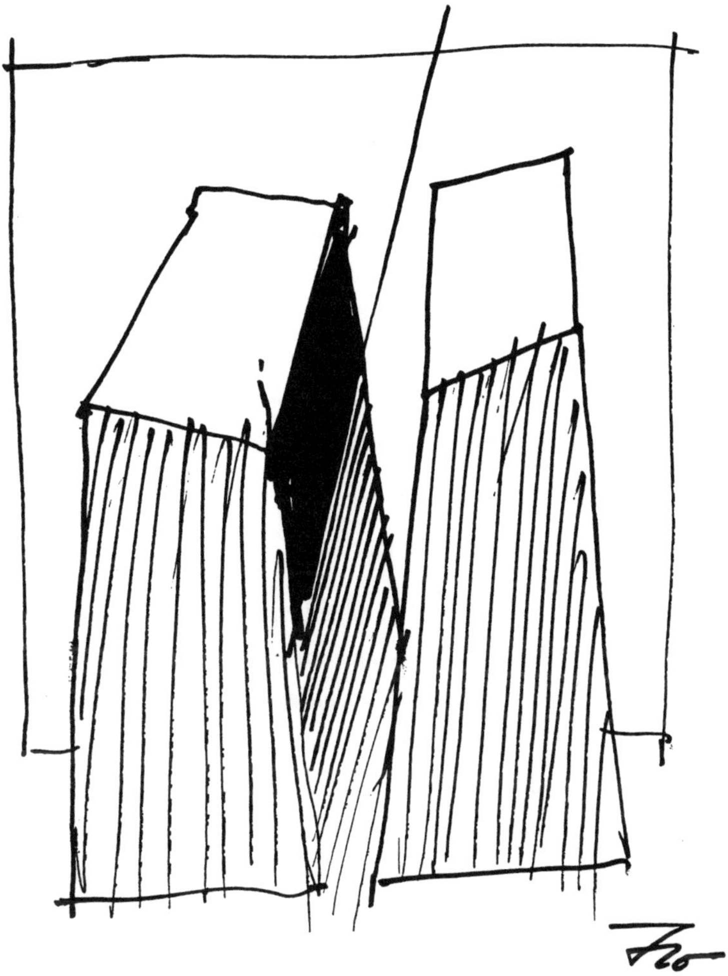

Barbara D. Leicht

Der dich aus dem Sklavenhaus befreit hat

Mehr als eine Einleitung

»Am Anfang war die Tat« übersetzt Goethes Dr. Faust nach langem Hin und Her den ersten Satz des Johannesevangeliums. Zu unglaublich scheint ihm, dass am Anfang aller Dinge (nur) das Wort stehen könnte.

So fraglich die Übersetzung Fausts auch sein mag, über einem anderen Text der Bibel könnte sie durchaus stehen – über den Zehn Geboten des Alten Testaments. Denn die Zehn Gebote beginnen keineswegs mit dem Wort. Sie haben eine lange Vorgeschichte.

»Am Anfang war die Befreiung...«

Die Zehn Gebote fallen nicht urplötzlich vom Himmel und sie stehen nicht am Anfang der Bibel. Sie erwachsen aus einer langen Erfahrung des Volkes Israel mit seinem Gott. Die Frauen und Männer Israels hatten erlebt, dass sie mit Hilfe ihres Gottes aus der Ausbeutung und Unterdrückung in Ägypten befreit und durch das Schilfmeer geführt worden sind (Ex 12 - 15). Sie waren, wenn auch durch unwegsames Wüstengelände hindurch auf dem Weg in das von Gott verheißene Land, das ihnen zur neuen Heimat werden sollte. Die Zukunft hatte schon begonnen, ein Leben mit einer neugeschenkten Freiheit.

Die Israeliten hatten erfahren, dass sie sich auf ihren Gott verlassen konnten, ganz konkret und leibhaftig. Er stand auf ihrer Seite. Und erst jetzt, zwar noch auf dem Weg, aber befreit von der Unterdrückung, befreit von ihrer Angst vor den Ägyptern, schließt Gott ein Bündnis zwischen sich und diesem Volk. Teil dieses Bündnisses sind, wie die alttestamentlichen Bücher Exodus und Deuteronomium erzählen, die Zehn Gebote.

Sie regeln in zehn Sätzen, die gut zu merken sind (»an zehn Fingern abzuzählen«), die Beziehungen zu Gott (erste Tafel) und zu den Menschen (zweite Tafel).

Allerdings ebenso wie die Geschichte Israels mit Gott nicht mit den Zehn Geboten beginnt, so beginnt auch der Dekalog (so der griechische Begriff für die Zehn Gebote) nicht voraussetzungslos mit Ge- und Verboten. Das Alte Testament zeigt einen sehr »lebenserfahrenen« Gott, der seine Menschen kennt. *»Ich bin JHWH, dein Gott, der dich aus dem Sklavenhaus befreit hat«*. Mit diesem Satz, oft vergessen oder ausgelassen, beginnt der Dekalog. Vor allen Regeln und Grenzziehungen steht wie in einer »Präambel« die Erinnerung an die erfahrene Befreiung durch Gott.

Die Erinnerung wach halten

Dieser Satz, diese Präambel ist mehr als nur ein Vorwort, das geeignet wäre, flüchtig überflogen zu werden, ehe es zum eigentlichen Hauptteil geht. Sie ist gleichzeitig Überschrift und Interpretationsvorlage für das Folgende.

Die Erinnerung an die Befreiung aus der Unterdrückung in Ägypten und an den Weg in das verheißene Land bilden das Grundbekenntnis Israels, die zentrale Erfahrung seines Lebens und Glaubens. Israel wird nicht müde, diese Erinnerung wieder und wieder zu bekennen (vgl. Ex 20,2; Dtn 5,6; 6,12; Lev 19,36; Num 24,8). Untrennbar ist die Beziehung zwischen Gott und seinem Volk verbunden mit der Erinnerung an die erlebte Befreiung. Die Zehn Gebote sind Bestandteil des Bundesschlusses, doch ebenso ist es die Präambel: *»Ich bin dein Gott, der dich aus dem Sklavenhaus geführt* *hat...«* Zweimal werden in der Bibel der Bund mit Gott und die Zehn Gebote überliefert (Ex 20,1-21 und Dtn 5,6-21). Wenn sie sich auch bei einzelnen Geboten geringfügig unterscheiden, erwähnen beide Fassungen doch wortgleich die Präambel und stellen sie vor die folgenden Gebote. Das ist kein Zufall, sondern Signal dafür, dass die Erfahrung der von Gott geschenkten Befreiung untrennbar zum Dekalog dazugehört. Wenn in Israel der Dekalog als »Bündnisurkunde« in der täglichen Morgenlesung des Jerusalemer Tempels bis zu seiner Zerstörung gebetet wurde bzw. heute im privaten Morgengebet der Juden seinen Platz hat, dann erklingt vor den Regeln und Geboten die Erinnerung an die eigene Befreiung.

Das Zehnwort

Im Christentum gehören die Zehn Gebote zu den bekanntesten alttestamentlichen Texten, die meist bereits in der Grundschule gelernt werden. Oft stehen sie für die Gemeinsamkeiten zwischen Juden- und Christentum. Doch ein genauerer Blick zeigt, dass sich die jüdische und die christliche Rezeption unterscheidet. Das beginnt mit dem Namen: Während Christen von den »Zehn Geboten« sprechen, heißen sie im Judentum »Zehn Worte«. Als »Zehnwort« – so die Übersetzung des Wortes »Dekalog« – bezeichnet auch die Bibel selbst die Zehn Gebote (vgl. Ex 34,28; Dtn 4,13, 10,4). Und die Unterschiede gehen weiter, über die Überschrift hinaus. Nur scheinbar sprechen Juden und Christen von den gleichen Zehn Worten. Das erste Gebot umfasst in der christlichen Zählung den Satz »Ich bin der Herr, dein Gott« und dann folgt das Verbot, anderen Göttern zu dienen. Im Judentum dagegen lautet das erste Wort: *»Ich bin JHWH, dein Gott, der dich aus Ägypten geführt hat, aus dem Sklavenhaus«*; ein Satz, der christlicherseits oft die Rolle der zu vernachlässigenden Einleitung spielt.

Überschriften und Textanfänge stellen Weichen. Sie lenken das Verständnis für den folgenden Text. So wurde und wird der Dekalog in seiner christlichen Wirkungsgeschichte häufig mit ethischen Gesetzen verbunden. Er dient vor allem zur Gewissenserforschung im Beichtspiegel (vgl. Gotteslob Nr. 61; Evang. Gesangbuch Nr. 231 und 815). Allerdings entfällt dann meist der Prolog oder er wird auf den Satz »Ich bin der Herr, dein Gott« reduziert. Damit fehlt die befreiende Botschaft des Zehnworts. Übrig bleiben allein die Gebote. Das Zehnwort wird zu einer reinen Gebots- bzw. Verbotstafel, die im Zusammenhang des Beichtspiegels eher ein schlechtes Gewissen auslöst, denn als befreiende Botschaft gehört wird.

Inbegriff göttlichen Willens?

Nicht nur die Verwendung als Beichtspiegel führt häufig dazu, die Zehn Gebote als Grundlage menschlichen Zusammenlebens zu bezeichnen. Das können sie sein. Doch innerhalb des Alten Testaments sind sie nicht die einzigen Regelsammlungen und Gesetzeswerke. An beide überlieferten Versionen des Dekalogs schließen sich ein Rechts- und Bundesbuch an (Ex 20-23; Dtn 12-26). Sie konkretisieren das Zehnwort, fassen es als Rechtstext und legen es aus. Diese Rechtstexte im Anhang an den Dekalog verdeutlichen, dass er nicht von den anderen Texten des Alten Testaments zu trennen ist. Das Zehnwort enthält nicht die gesamte Quintessenz des göttlichen Willens. Wenn es als Kernstück verstanden wird, das alle Grundaussagen des Alten Testaments enthält, dann müsste es alle Lebensbereiche abdecken. Damit werden Aussagen hineingelesen, die der Dekalog nicht beinhaltet (Martin Luther z.B. erweiterte daher das Gebot der Elternliebe um das Verhältnis zu Autoritäten). Es gibt wesentliche Lebensbereiche, die der Dekalog nicht nennt und nicht regelt. Dazu zählen z.B. der Schutz der sozial Schwachen und der rechtlosen Randgruppen, – obwohl JHWH gerade ihr Anwalt ist (vgl. Ex 22,21; Dtn 10,18; 24,17ff) –, Fragen des Staatswesens, des Natur- und Tierschutzes (auch dieser wird an anderen Stellen mehrfach erwähnt, vgl. Dtn 22,6f; 25,4; Lev 19,19). Der Dekalog benötigt also Ergänzungen und Aktualisierungen auf gegenwärtige Unterdrückungsmechanismen und auf den notwendigen Schutz des Lebens hin. Auch diese Erweiterungen beruhen auf der Grundlage: »Ich bin dein Gott, der dich aus dem Sklavenhaus befreit hat – und befreien will.«

Der Atem der Freiheit

Das erste der Zehn Worte, die Präambel zu streichen, »hieße, dem Dekalog den Atem der Freiheit nehmen«(Rabbiner Benno Jakob). Nur unter dem Vorzeichen dieser Erinnerung an die von Gott ermöglichte Befreiung aus Unterdrückung und Ausbeutung atmet der Dekalog in mehrfacher Hinsicht Freiheit:

- Bedingungslose Freiheit: Wie das Zehnwort nicht mit den Geboten beginnt, ist die Einhaltung der Zehn Gebote auch nicht die Bedingung für den Bundesschluss mit Gott oder gar für die Befreiung aus der Unterdrückung Ägyptens. Die Befolgung des Dekalogs ist keine Vorleistung, die erbracht werden muss, um befreit zu werden, im Sinn von »wenn du schön brav bist, dann ...«, wie kleine Kinder manchmal erzogen werden. Zunächst ist da einfach nur – vor allem Tun Israels – die bedingungslos geschenkte Befreiung. Freiheit um des Lebens willen. Und darin zeigt sich auch das Wesen Gottes.
- So ist Gott: Wie Gott Mose am Dornbusch sagte *»Ich habe das Elend meines Volkes gesehen«* (Ex 3,7), so »beweist« er den Israeliten, dass ihm tatsächlich etwas an ihnen liegt. Der Satz »Ich bin dein Gott, der dich aus Ägypten befreit hat« meint nicht, dass Gott deshalb ein Recht hätte, jetzt auch etwas von den Menschen zu verlangen, sozusagen eine nachträgliche »Bezahlung«, sondern diese Präambel ist die Erinnerung daran, dass Gott auf der

Seite der Männer und Frauen (und der Kinder) Israels steht. Sie ist die Versicherung, dass Gott zu trauen ist, dass auch die folgenden Gebote auf das Leben der Menschen ausgerichtet sind, nicht auf ihre erneute Unterdrückung.

- Schutz der Freiheit: Allerdings hält der Dekalog die Erinnerung an erlebte Unterdrückung und an erfahrene Befreiung wach. Aus dieser doppelten Erinnerung wird die eigene Freiheit umso schützenswerter. Die erlebte Bedrohung der Freiheit macht einen Schutz sinnvoll, einen Schutz der gegenseitigen Freiheit, wie ihn die Zehn Worte geben. Sie erwachsen aus der Erfahrung von Befreiung und dem Bedürfnis, diese schwer errungene Freiheit zu schützen und nicht wieder in (gegenseitige) Abhängigkeit und Sklaverei zu verfallen. Sie sind etwas sehr Erwachsenes, denn es ist ihr Ziel, das Gut der (gemeinsamen) Freiheit zu schützen.
- Aus der Praxis für die Praxis: Der Dekalog ist keine Theorie, kein Ideal, er ist nicht nur Ausdruck der Sehnsucht nach befreitem Leben, sondern kann ganz konkret gelebt werden, allerdings nur aus der Erfahrung der Befreiung heraus. Und auch diese Freiheit ist kein Ideal, keine vergeistigte Utopie, sondern erfahrene Realität.
- Und daher: Der Dekalog ist eine Botschaft für befreite Menschen.

»Wer sich vom Prolog nicht angesprochen fühlt, braucht gar nicht weiterlesen« (F. Crüsemann) oder: Zehn Worte für Befreite

Das Zehnwort ist ein Produkt der Freiheit. Es gilt einem freien Volk, einem Volk, das den Weg aus der Unterdrückung mit Gottes Hilfe gefunden hat und lernt, in Freiheit und mit der Freiheit – der eigenen und der anderer – zu leben. Sie wollen kein erneutes Instrument der Gängelung und Unterdrückung sein, sondern die konkret gewonnene Freiheit schützen. Entscheidend ist, dass sie nach biblischem Bericht am Berg Sinai (bzw.

Horeb) dem Volk Israel gegeben werden und nicht bereits in Ägypten. In der Situation der Unfreiheit hätte der Dekalog repressiv gewirkt und zu weiterer Unterdrückung geführt. Er hätte den freiheitsraubenden Maßnahmen der Ägypter weitere einzuhaltende Gesetze (Gottes) hinzugefügt. Wer die Freiheit nicht erfahren kann, hat kein Gut, das er schützen kann. Alle Worte von notwendiger Grenze und Regelung zur Bewahrung der Freiheit wirken in erlebter Unfreiheit wie ein weiteres Unterdrückungsinstrument, dessen Sinn nicht einsehbar ist und das nur das Bedürfnis weckt, diese neuen Gesetze mit den alten Unterdrückungsmaßnahmen zusammen abzuschütteln.

Der Dekalog wird einem freien Volk mit aufrechtem Gang gegeben, das lernen kann, mit der gewonnenen Freiheit verantwortungsbewusst umzugehen und neben der eigenen Freiheit die Freiheit der Nächsten zu sehen. Erst die Erfahrung, selbst befreit worden zu sein, ist Grundlage für die Überzeugung und Möglichkeit, anderen ihre Freiheit zu lassen und sie zu schützen. Ohne die Erfahrung von Befreiung und Freiheit wird das Zehnwort zur Überforderung oder zur reinen Forderung.

Die ursprünglichen Adressaten des Zehnworts sind freie erwachsene Menschen. Zu Zeiten Israels und heute gilt der Dekalog Männern und Frauen, die Freiheit/Befreiung am eigenen Leib erlebt haben. Die provozierende Aussage des Prologs ist daher: »Nur wenn die Erinnerung an den Exodus ein Aha-Erlebnis auslöst, brauchen und sollten wir über die übrigen Worte nachdenken« (F. Crüsemann).

Die Tafeln waren ein Werk Gottes, und die Schrift – eine Schrift Gottes war sie, gegraben (hebr. ***charut****) auf die Tafeln (vgl. Ex 32,16), lies nicht* ***charut*** *(gegraben), sondern* ***cherut*** *(Freiheit), denn du findest keinen wahrhaft Freien als den, der sich mit dem Erlernen der Tora befasst.*

Jüdische Auslegung in der Mischna (Abot, Anhang, 2)

Bibelarbeit

1. Auf den Bibeltext zugehen

1. Zum Einstieg wird das Lied »Gottes Wort ist wie Licht in der Nacht« gesungen und getanzt (vgl. S. 19).
2. Die Teilnehmer/innen (TN) erinnern sich daran, welche Gedanken, Assoziationen, Erfahrungen der Dekalog bei ihnen auslöst. Die Erinnerungen werden in Stichworten auf einem Plakat gesammelt.
3. Dann überlegen die TN:
   - Welche Überschrift gebe ich dem Dekalog?
   - Wie würde ich die Zehn Gebote nennen?

2. Dem Bibeltext begegnen

1. Text lesen: Ex 20,1-21 oder Dtn 5,6-21. Je ein TN liest zwei Verse, der/die nächste TN wiederholt den zweiten Vers und liest den folgenden. Die Verse werden langsam und ruhig gelesen. So wird jeder Vers zweimal gelesen und kann eindringlich gehört werden.
2. Anschließend ein Gespräch in der Runde:
   - Was ist mir aufgefallen?
   - Was habe ich neu gehört?
3. In der Mitte des Raumes liegt im Halbrund ein Seil. Den TN stehen Kett-Materialien (o. Ä.) zur Verfügung. Die Gruppe teilt sich in zehn Untergruppen. Je eine Untergruppe beschäftigt sich mit einem Gebot. Sie überlegen gemeinsam, was das Gebot ausdrückt und gestalten es symbolisch an einem Ort des Halbrunds. Der Prolog wird noch nicht gestaltet.

4. Wenn jede Gruppe so weit ist, schließt sich ein gemeinsames Gespräch in der ganzen Gruppe über die einzelnen Gebote und ihre symbolischen Ausgestaltungen an. Wenn nötig, kann die Leitung hier Informationen ergänzen.
5. Anschließend rückt die Präambel in den Vordergrund: Die gesamte Gruppe gestaltet als Fundament unter dem Halbrund mit Symbolen die Präambel: Wie kann Befreiung ausgedrückt werden?

3. Mit dem Bibeltext weitergehen •→

An zwei gegenüberliegenden Wänden hängt je ein Plakat mit der Aufschrift »10 Gebote« bzw. »10 Freiheiten«.
Die TN suchen sich ihren Platz zwischen diesen beiden Plakaten:
- Was ist mir näher?
- Welcher Aufschrift stimme ich eher zu?

Danach kann jede/r TN einen Satz sagen, warum dieser Ort im Raum jetzt für ihn/sie stimmig ist.
Anschließend oder alternativ:
Wenn zu Beginn eigene Überschriften für den Dekalog gesucht wurden, kann dies zum Abschluss nochmals aufgegriffen werden. Haben sich die Überschriften verändert?

Alternative (in vertrauteren Gruppen):
Die TN überlegen für sich:
- Wo und wie habe ich Befreiung erfahren?

Sie gestalten dies mit Farben auf einem Papier.
Nach ausreichend Zeit kann ein weiterer Impuls gegeben werden:
- Wie bin ich mit der gewonnenen Freiheit umgegangen?

Hier sollte dann Gelegenheit zur Aussprache sein.

Gottes Wort ist wie Licht in der Nacht (Tanz nach Marlis Ott)

(Der Kanon ist in vielen Liederbüchern abgedruckt.)

Die TN stehen im Kreis.

Gottes Wort ist wie Licht in der Nacht,

Linken Arm im weiten Bogen (wie einen Sonnenaufgang) nach links führen, vor die Mitte des/der linken Nachbar/i/n.

es hat Hoffnung und Zukunft gebracht,

Rechten Arm ebenso wie vorher im weiten Bogen nach rechts führen. Durchfassen mit den Händen der beiden übernächsten Tänzer/innen. Das ergibt eine »Korbfassung« (= aufgehoben, geborgen, wie in einem Korb).

es gibt Trost, es gibt Halt in Bedrängnis, Not und Ängsten,

So durchgefasst mit vier federnden Hinkeschritten nach links tanzen (rechter Fuß kreuzt über links, linker Fuß zur Seite), viermal.

ist wie ein Stern

Korbfassung sanft lösen, beide Arme zur Mitte strecken (Handrücken oben). Das ergibt einen Stern.

in der Dunkelheit.

Mit sanfter Gebärde die Hände drehen, so dass die Handflächen nach oben schauen. So die Hände senken.

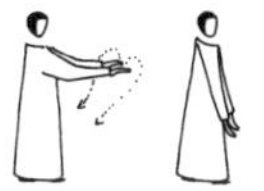

Im Kanon: Aufstellung in zwei konzentrischen Kreisen. Zuerst bewegen alle das Lied einstimmig. Dann beginnt der innere Kreis, der äußere setzt ein. Jede Stimme singt den Kanon dreimal. Nacheinander aufhören.

Die auf
Gewalttat
bauen.

Die auf
Börsengunst
schwören.

Sie dienen
anderen
Göttern.

Den anderen
Göttern weigere
ich den Dienst.

Du sollst neben mir keine anderen Götter haben. (EÜ)

Nicht sei dir andere Gottheit mir ins Angesicht. (Buber)

Simone D'Avis

Keine anderen Götter neben mir

Religionsersatz in der heutigen Gesellschaft

»Spieglein, Spieglein an der Wand, wer ist die Schönste im ganzen Land?« So fragt die böse Stiefmutter den Spiegel und wird nur eine Antwort akzeptieren: »Es gibt keine andere neben dir...«

Mit dem Spiegel – dem narzisstischen Symbol schlechthin – ist natürlich kein Dialog, sondern nur ein Monolog möglich. Die monologische Existenz kommt über die Selbstbespiegelung nicht hinaus und in dieser Selbstbespiegelung erfährt sie schließlich auch nur das, was sie selbst angstvoll schon längst ahnte: Sie ist angreifbar und gefährdet, denn: »Schneewittchen ist tausendmal schöner als du!«

Das ist, womit wir Menschen in ebenfalls Tausenden von Nuancen leben müssen: Immer wird irgend jemand besser oder schlechter oder schöner oder hässlicher oder ärmer oder reicher sein als ein anderer. Wir leben in jeglicher Hinsicht im Relativen.

Vergötzung, also die Verabsolutierung des Relativen, ist eine der Strategien des Menschen, im Endlichen absoluten Halt zu finden. Vergötzt wird wie im Falle der bösen Stiefmutter das eigene Ich oder in anderen Fällen der Partner, die Arbeit, irgendein Statussymbol oder ein Gott, der gar keiner ist.

Der absolute Anspruch, der den Auftakt der so genannten Zehn Gebote markiert, mag im ersten Moment erschrecken. So kommen doch sonst nur Götzen und böse Stiefmütter daher: Nichts soll neben mir sein... Du sollst nur einen Gott haben!

Nicht Ersatz, sondern Essenz

Beleuchten wir das Gebot »Du sollst keine anderen Götter neben mir haben« einmal von einer anderen Seite; was bedeutet es denn – und damit sind wir bei einer Frage, die Martin Luther in seinem Großen Katechismus vor fast 500 Jahren gestellt hat – was bedeutet es denn überhaupt einen Gott zu haben? Dazu Martin Luther:

»Ein Gott heißet das, dazu man sich versehen soll alles Guten und Zuflucht haben in allen Nöten. So dass einen Gott haben nichts anders ist als ihm von Herzen trauen und glauben; wie ich oft gesagt habe, dass allein das Trauen und Glauben des Herzens beides macht: Gott und Abgott. Ist der Glaube und Vertrauen recht, so ist auch dein Gott recht; und umgekehrt: wo das Vertrauen falsch und unrecht ist, da ist auch der rechte Gott nicht. Denn die zwei gehören zuhauf, Glaube und Gott. Woran du nun dein Herz hängest und dich darauf verlässest, das ist eigentlich dein Gott.«

Einen Gott zu haben, das bedeutet also, etwas zu haben, woran der Mensch sein Herz hängen und worauf er sich verlassen kann und zwar so, dass es »recht« ist. Recht ist es dann, wenn es sich nicht auf Geschöpfliches und damit auf Relatives bezieht und wenn es nicht der Weltvergötterung dient. Es handelt sich dann um eine Weise des »Habens«, die so ganz anders ist als das Haben von Dingen, derer wir immer wieder verlustig gehen können. Einem Gott wie Jahwe kann man restlos vertrauen. Es bedeutet die Essenz – den wesentlich tragenden Grund – zu haben, mit deren Hilfe alle Ersatzformen als solche kenntlich werden.

Und Ersatzformen werden sich dem Menschen zu allen Zeiten angeboten haben. Selbst das erste Gebot verlangt vom Menschen ja nicht zu glauben, dass es nur einen Gott gebe. Es macht seinen Sinn ja gerade vor dem Hintergrund der vielen anderen möglichen Götter, die die Menschen sich wählen konnten. Andere biblische Texte (Gen 31,53 oder 2 Kön 3,2) geben beredt Zeugnis von der Existenz und dem Anspruch der anderen Götter.

Während die anderen Götter für das Geschenk des Regens, für eine gute Ernte stehen oder für den Ausgleich in einem Konflikt, wird Jahwe in allererster Linie mit der Erfahrung des Exodus in Verbindung gebracht. Und der Bewahrung der Exoduswirklichkeit gilt das erste Gebot: Jahwe hat uns aus dem Sklavenhaus Ägyptens befreit und nun gilt es frei zu bleiben. Es kann nicht angehen, dass wir uns in neue Abhängigkeiten begeben und uns vor falschen Göttern ducken. Die falschen Götter fordern Unterwerfung, Jahwe führt in die Freiheit – immer. Diesen Gott »zu haben« bedeutet auf den zu vertrauen, der dich ins Weite führt. Dieses Vertrauen kann einem niemand mehr nehmen – es ist nicht an Besitz und Wohlergehen gebunden und damit vergänglich, sondern an Gott selbst, der seine Liebe und Treue in Ewigkeit verbürgen kann. Solches Vertrauen lässt sich nicht ersetzen. Der Gott, dem solches Vertrauen gebührt, darf mit absolutem Anspruch auftreten – ihn und keinen anderen daneben zu ehren, bedeutet nicht Götzendienst, sondern Götzenkritik.

Damals, heute, immerdar

Solche Götzenkritik ist auch heute möglich. Mithilfe ihrer Schriftwerdung und Kanonisierung hat die biblische Tradition über Jahrtausende einen Schutz vor Veränderung erworben. Seit Generationen lesen wir den immerselben Satz: »*Ich bin Jahwe, dein Gott, der ich dich herausgeführt habe aus Ägypten, aus dem Sklavenhaus. Du sollst für dich keine anderen Götter haben neben mir*« (Ex 20,1-3 // Dtn 5,6-7). Das Wissen um die Exoduserfahrung wird bewahrt durch die immer wieder neu vollziehbare Aktualisierung dieser Erfahrung: Jeder Leser, jede Leserin ist angesprochen als derjenige, der herausgeführt wurde aus dem Sklavenhaus. Mithilfe einer so entstehenden Ungleichzeitigkeit von Ereignis und Erfahrung erlangt die biblische Tradition ihre Bedeutung für die Menschen heute.

Wie uns die Bibel stets neu als diejenigen anspricht, die Jahwe aus Ägypten, dem Sklavenhaus, geführt hat, so ist der Mensch über alle Generationen hinweg dazu verpflichtet, sich selbst »so zu betrachten, als ob er aus Ägypten ausgezogen sei...« (Pessach-Haggada). Diese existentielle Form des Erinnerns, bei der eine vergangene Erfahrung so vergegenwärtigt und wiederholt wird, dass man sie trotz großen zeitlichen Abstands miterleben kann, ist eine Form religiösen Erlebens, die zu allen Zeiten mit anderen Formen des Erlebens konkurrieren musste.

Erlebe dein Leben

Diese Konkurrenz scheint im Übergang zum Dritten Jahrtausend in bisher nicht gekannter Schärfe gegeben. Der Soziologe *Gerhard Schulze* identifizierte unsere Gesellschaft Anfang der 1990-er Jahre als »Erlebnisgesellschaft«, wie er auch sein gleichnamiges Buch betitelte. Nach dem Übergang von der Knappheits- zur Wohlstandsgesellschaft stehen wir heute vor einer schier unendlichen Fülle von Möglichkeiten, unsere Portemonnaies zu leeren und unsere Lebenszeit zu füllen. Diese neuen Möglichkeiten erfordern Entscheidungen und Kriterien. Einen breiten Konsens findet dabei der »Erlebnis-Imperativ«: Erlebe dein Leben! Die Erlebnisorientierung ist zum Kriterium vieler alltäglicher Entscheidungen geworden, wie Schulze in seiner Analyse treffend beschreibt: »Kauft man eine Brille, um besser zu sehen, ein Auto als fahrbaren Untersatz, Mehl als Lebensmittel usw., so handelt man außenorientiert. Der innenorientierte Konsument sucht eine Brille, mit der er sich gut fühlt, ein Auto, das ihn fasziniert, eine Mehlsorte, mit der er etwas erleben kann. Erlebnismehl« (S. 427).

Die Aporien des Erlebnis-Imperativs liegen auf der Hand: Was tun, wenn einem die Einsicht dämmert, dass man sich im Erlebnishunger verloren hat? Was tun, wenn einem das Geld ausgeht oder wenn Krankheit,

Alter und Tod einem den Spaß verdorben haben? Dann scheint auf, dass man sein Herz an Vergängliches gehängt hat, dass man dem Abgott und nicht Gott gefolgt ist. Dazu Luther im Großen Katechismus:

»Es ist mancher, der meint, er habe Gott und alles genug, wenn er Geld und Gut hat: er verlässt und brüstet sich darauf so steif und sicher, dass er auf niemand etwas gibt. Siehe: Dieser hat auch einen Gott, der heißt Mammon, das ist Geld und Gut, darauf er all sein Herz setzt, was auch der allgewöhnlichste Abgott auf Erden ist. Wer Geld und Gut hat, der weiß sich sicher, ist fröhlich und unerschrocken als sitze er mitten im Paradies, und umgekehrt: Wer keins hat, der verzweifelt und verzagt, als wisse er von keinem Gott. Denn man wird ihrer gar wenig finden, die guten Mutes seien, nicht trauern noch klagen, wenn sie den Mammon nicht haben, es klebt und hängt der Natur an bis ins Grab. Ebenso auch: Wer darauf traut und trotzt, dass er große Gelehrsamkeit, Klugheit, Gewalt, Gunst, Verwandtschaft und Ehre hat, der hat auch einen Gott, aber nicht diesen rechten, einzigen Gott. Das siehst du abermals daran, wie vermessen, sicher und stolz man auf solche Güter ist, und wie verzagt, wenn sie nicht vorhanden sind oder entzogen werden. Darum sage ich abermals, dass die rechte Auslegung dieses Stückes [des Ersten Gebots] sei, dass 'einen Gott haben' heißt: Etwas haben, darauf das Herz gänzlich traut.«

An den Grenzen der Erlebnisgesellschaft scheint auf, dass wir unser Herz eben nicht gänzlich auf sie setzen können, dass die vielen Erlebnisse und Genüsse nicht wirklich sinnstiftendes Ziel menschlichen Handelns sein können. Sie sind allenfalls Möglichkeiten der Lebensgestaltung; sie sind ersetzbare Mittel und nicht die Essenz.

Nicht die Alternative, sondern der Maßstab

Natürlich kann auch das religiöse Erleben existentiellen Erinnerns nicht von der Gefahr freigesprochen werden, mit einer der vielen alternativen Möglichkeiten der Erlebnisgesellschaft verwechselt zu werden. »Erleben«

ist eben zu einer marktgängigen Größe geworden und Hand aufs Herz: Auch die Kirchen – oftmals angegriffen, sie seien nicht auf der »Höhe der Zeit« – stehen in vielerlei Hinsicht vor der Gefahr, den Erlebnis-Imperativ zum Kriterium ihrer Angebote und Veranstaltungen zu machen.

Bei allem verständlichen Ringen um Erfolg und bei allem verständlichen Bemühen, zeitgemäß zu sein: Es geht in der christlichen Religion vor allem um die Entlarvung eines unfrei-machenden Zeitgeistes und um die höchst ungleichzeitige Erfahrung »aus dem Sklavenhaus herausgeführt worden zu sein«. Diese Erfahrung relativiert alle anderen. Sie ist nicht eine der vielen möglichen Alternativen auf dem Erlebnismarkt, sie ist der Maßstab. Der ist unser Gott, der diesen Maßstab verbürgt. Ihm allein darf unser Vertrauen restlos gehören. Wir haben keinen anderen Gott neben ihm.

Wenn dein Gott der Gott ist,
der dich aus dem Sklavenhaus herausführt,
dann wirst du keine anderen Götter neben ihm haben,
die dich im Sklavenhaus festhalten
oder die dich dorthin zurückbringen
oder die dir neue Sklavenhäuser bauen.

Wenn dein Gott der Gott ist,
der dein Gesicht aufleuchten lässt,
dann wirst du dich keinen Göttern unterordnen,
die dich erblassen lassen.

Wenn dein Gott der Gott ist,
der deine Phantasie und deinen Mut beflügelt,
dann wirst du dich keinen Göttern fügen,
die dein Denken und Fühlen und Wollen eingittern.

Wenn dein Gott der Gott ist,
der dich wie ein Freund hereinträgt und aufbaut,
dann wirst du dich keinen Göttern unterwerfen,
die ihre Lust daran haben, dich kurz und klein zu halten.

Wenn dein Gott der Gott ist,
der dich in dem was du bist, herauskommen lässt,
dann wirst du dich keinen Göttern überantworten,
die wie ein anonymer Apparat nach dir greifen.

Wenn dein Gott der Gott ist,
der dich in Kreise des Verteilens bringt,
dann wirst du nicht den Göttern zujubeln,
die das Gold des toten und tödlichen Stoffs horten.

Wenn dein Gott der Gott ist,
der dir die Kraft des freien Dienens gibt,
dann wirst du keinen Göttern verfallen,
die dich zum sklavischen Zwinger machen
oder aber die dich hoch aus allem heraushalten.

Wolfgang Dietrich

Bibelarbeit

1. Auf den Bibeltext zugehen →•

Die Teilnehmer/innen (TN) werden eingeladen, sich zu Beginn in Eigenarbeit über folgende Frage Gedanken zu machen: In welcher Wirklichkeit trifft mich das Gebot, keine andere Götter zu haben?
Als Hilfestellung können die folgenden Fragen dienen:

- Was gibt mir Sicherheit? Worauf vertraue ich?
- Was brauche ich, um mich sicher zu fühlen?
- Wovor beuge ich meine Knie?
- Wovor fühle ich mich abhängig?
- Wem oder was bringe ich »Opfer«?
- Worauf verlasse ich mich in den verschiedensten Lebenssituationen?
- Wo findet mein Herz Halt?

2. Auf den Bibeltext hören →←

Ein TN liest die Verse Ex 20,1-3 (alternativ Dtn 5,6-7) vor. Austausch über den absoluten Anspruch, mit dem der Gott, »der Dich aus Ägypten herausgeführt hat«, dem Gläubigen an dieser Stelle begegnet.

3. Mit dem Bibeltext weitergehen •→

Austausch über die Frage, von welchen Abhängigkeiten in meinem Leben ich mich verabschieden und welche falschen Götter ich entthronen will. Zum Abschluss liest ein TN den Text von Wolfgang Dietrich (siehe S. 27).

Sieh mir ins Gesicht. Ich
staune über deine große
Lebendigkeit.

Das Leben erstarrt uns
unter der Hand, wenn wir
aus Gesichtern Bilder fixieren.

Lang hab ich von dir mir
ein Bild gemacht. Erst in
der Begegnung brach es mir auf.

Wir sind mit einem Gesicht erschaffen,
das beständig ist in der Wandlung.
Leuchte es uns also auf!

Du sollst dir kein Gottesbild machen und keine Darstellung von irgend etwas am Himmel droben, auf der Erde unten oder im Wasser unter der Erde. (EÜ)

Du sollst dir kein Bildnis noch irgendein Gleichnis machen, weder von dem, was oben im Himmel, noch von dem, was unten auf Erden, noch von dem, was im Wasser unter der Erde ist. (Luther)

Nicht mache dir Schnitzgebild, – und alle Gestalt, die im Himmel oben, die auf Erden unten, die im Wasser unter der Erde ist, neige dich ihnen nicht. (Buber)

Annegret Puttkammer

Du sollst dir kein Bildnis machen

Von der Freiheit Gottes

Niemand wird gern in eine Schublade gesteckt, etwa: »Als Frau musst du ja so denken...« – »Mit 17 sieht man alles halt noch radikaler.« – »Typisch...!« (hier können Sie Ihr Lieblingsklischee eintragen.)

Niemand wird gerne in eine Schublade gesteckt. Denn wer darin steckt, ist gefangen im (Vor-)Urteil, ist reduziert auf ein, zwei Eigenschaften, wird nicht wirklich wahrgenommen, ist festgelegt und hat kaum eine Chance, sein wahres Ich zu zeigen und aus der Schublade wieder herauszukommen.

Niemand wird gerne so eingeengt, kein Mensch – und Gott auch nicht. Auch Er, der Ewige und Heilige will sich nicht einengen und festbinden lassen. Dies ist der Grund für das Gebot, das er dem Mose und dem Volk Israel gibt: *»Du sollst dir kein Gottesbild anfertigen. Mach dir kein Abbild von irgend etwas im Himmel, auf der Erde oder im Meer. Wirf dich nicht vor ihnen nieder und bete sie nicht an«* (Dtn 5,8-9; Übersetzung der »Gute Nachricht Bibel«, 1997).

Gott ist unverfügbar

Dieses Gebot untersagt es den Israeliten, die religiösen Formen der übrigen Völker im Vorderen Orient abzuschauen und zu übernehmen und damit Gott seiner Einzigartigkeit zu berauben. In der Umwelt Israels, etwa bei den Kanaanäern und Babyloniern war es üblich, von den Göttern Statuen und Figuren herzustellen. Sie standen an öffentlichen Plätzen, als kleinere Abbildungen auch in den privaten Häusern. Man näherte sich diesen

Gottesbildern in ehrfürchtiger Haltung, denn sie zeigten sichtbar und klar erkennbar an: unser Gott oder unsere Göttin ist da, ist bei uns, beschützt und bewahrt uns. In Prozessionen wurden Gottesbilder durch die Straßen und über die Felder getragen; der Segen der Gottheit wurde so sichtbar über Stadt und Land verteilt. Im profanen Bereich waren die Götterbilder und ihre Verehrung verwandt mit den Herrscherbildern: so waren z.B. die ägyptischen Pharaonen in Stelen und Obelisken präsent.

Den Götterstatuen wurde »gedient«: Man tat ihnen Gutes, um dadurch der Gottheit selbst zu huldigen. Die Götterstatuen wurden gewaschen und gepflegt, sie wurden mit Speisen, Tänzen und Liedern erfreut. Ihnen kam eine solche Verehrung zu, als ob sie selbst die Gottheit wären. Ja, obwohl alle wussten, dass die Bilder die Gottheit nur symbolisieren sollten, war es nur ein kleiner Schritt hin zur Vergottung des Bildes.

Hinter dem alttestamentlichen Bilderverbot steht die nomadische Vergangenheit Israels. Die Israeliten verehrten einen unsichtbaren Gott. Während sie als Nomaden durch Wüste und Steppe zogen, zog er mit und begleitete sie. In ihrem Kult spielten allenfalls Bäume, Steine, Orte eine größere Rolle. Als die Israeliten aber sesshaft wurden, lernten sie bei ihren Nachbarn Gottesverehrung mit Bilderstatuen kennen. Dies wirkte auf sie fremdartig – aber auch sehr anziehend. Das war etwas Handfestes; diese Götterbilder konnte man sinnlich wahrnehmen, man konnte sie berühren und ansehen, sie hatten offensichtliche Präsenz und ließen sich umsorgen.

So keimte der durchaus ehrbar gemeinte Gedanke – und archäologische Funde lassen konkrete Ausformungen vermuten –, eine solche Verehrung auch dem Gott der Väter angedeihen zu lassen. Auf dieses Ansinnen reagiert das Bilderverbot. Es lehnt solche Verehrung ab, verbietet sie rigoros. Denn ein Gott – dies ist die tiefere Erkenntnis dieses Gebotes –, der sich an festen Orten in Statuen pressen lässt, macht sich den Menschen verfügbar. Und damit ist Gott nicht länger er selbst, sondern ein Menschenwerk.

Dass Bilder nicht nur »harmlose« Abbildungen sind, verdeutlicht auch unsere Sprache. Im Griechischen bedeutet das Wort »*eidolon*« nicht nur »Bild«, sondern auch Götze, »Idol«. Und unser deutsches Wort »Bild« stammt vom althochdeutschen »*bilidi*«, das ursprünglich »magische Kraft« bedeutet. Diese sprachlichen Wurzeln weisen darauf hin, dass der, der das Bild eines anderen herstellt, auch Macht über ihn haben kann. Dem aber entzieht sich der Gott Israels – weil die Verehrung in einem Bild gerade nicht zu ihm passt und sein Wesen gründlich missverstehen würde. Denn über ihn haben die Menschen eben keine Macht. Er ist frei, unfassbar und unverfügbar. Und: er begleitet die Menschen, indem er mitgeht – da kann man ihn doch nicht in statischen Bildern auf ein Podest fesseln. Er ist überall gegenwärtig und sprengt die Grenzen von Form und Raum.

Das Bilderverbot schützt davor, Gott festzulegen und ihn so in Wahrheit nicht zu ver-, sondern zu entehren. Und es schützt die Menschen auch davor, die wirkliche Begegnung mit Gott zu verpassen. Denn Gott ist doch ein Geheimnis! Der Mensch kann sich ihm nähern durch Suchen und Fragen, durch Staunen und Lieben – aber eben nicht im Festlegen und »immer schon wissen, wo Gott ist«.

Wer sich auf die bildlose Verehrung Gottes einlässt, hat es vielleicht am Anfang schwerer als die Menschen, die eine Statue anbeten – er hat nichts »Handfestes«, »Erdiges«, »zum Anfassen«. Aber er wird in seinem Leben dem lebendigen Gott begegnen können – lebendig und frei, nicht aus Stein und unbeweglich! Deshalb ist auch dieses Gebot – wie alle Gebote Gottes – »Evangelium«, gute Nachricht: »Du kannst Gott nicht in einen Rahmen pressen, denn er sprengt menschliche Vorstellungen. Du brauchst dies auch gar nicht zu tun, denn er ist doch schon immer bei dir, geht mit dir. Etwas Besseres kann dir gar nicht passieren! Und du brauchst Gott auch nicht aus Angst festzulegen, denn du kannst seine Freiheit, seine Nähe und Fremdheit aushalten – und er wird dich selbst auch in die Freiheit führen.«

Wort-Bilder

Aber kann man Gott wirklich bildlos verehren? Wir sind doch Menschen mit fünf Sinnen – und die beiden Augen sind für unsere Wahrnehmung besonders wichtig. Allerdings ist das Auge das Sinnesorgan, das sich am leichtesten täuschen lässt! Dennoch: Wir können und müssen uns die Dinge vorstellen. Wir leben von optischen Eindrücken ebenso wie von Berührungen. Würden wir einen bildlosen Gott nicht auf eine Idee, auf einen bloßen Gedanken reduziert? Und wie könnte man eine Idee, einen Gedanken lieben von ganzem Herzen?

Die Zehn Gebote verbieten die Verehrung von dreidimensionalen Gottesbildern. Dies bedeutet aber nicht, dass in der Bibel nicht auch in Bildern von Gott geredet würde, in Vergleichen und Metaphern, in Gleichnissen und Erzählungen. Dabei wird Gott durch die Bilder wohl umschrieben und die Bildworte nähern sich ihm an. Aber sie tun eben nur dies: Sie umschreiben, sie nähern sich an – sie legen Gott nicht einseitig auf ein bestimmtes Bild fest. Die Bildsprache der Bibel respektiert Gottes Weite. So sind Bildworte eben keine Bilder, aber sie wecken »offene« Bilder.

Die biblischen Bildworte über Gott sind vielfältig: Gott erscheint wie ein Vater, ein Hirte oder ein König, wie ein Schild, eine Burg, wie ein Löwe oder ein Vogel, wie die Sonne, eine Quelle oder ein Fels, wie eine Mutter und wie eine Amme. Häufig sind diese Bildworte auch mit dem Gottesnamen verbunden (z.B. »Der Herr ist Friede« Ri 6,24; »Der Herr, dein Arzt« Ex 15,26; »Der Herr ist mein Hirte« Ps 23,1). Manche dieser Bilder von Gott sind uns sehr vertraut. Das Bild vom Vater zum Beispiel, das in beiden Teilen der Bibel vorkommt, ist fester Bestandteil unserer gottesdienstlichen Sprache und auch unserer persönlichen Gebete. Weit verbreitet und geliebt, aber auch als ambivalent empfunden ist das Bild vom Hirten: wie sich ein guter Hirte um seine Herde kümmert, sie sicher führt und versorgt, so ist auch

Gott für seine Menschen da – vor allem, wenn es durchs »dunkle Tal« geht. Andere biblische Gottesbilder begegnen uns eher selten, wie das Bild von Gott als Vogel oder Löwe, als Fels oder Quelle. Sie malen Eigenschaften Gottes durch Vergleiche aus: Gott schützt seine Menschen wie eine Löwin ihre Jungen; er wärmt sie wie eine Glucke ihre Jungen im Nest. Gott ist verlässlich wie ein Fels und bei ihm können Menschen Lebensmut und Lebensfreude wie Wasser aus einer Quelle trinken.

Manche Gottesbilder der Bibel sind wenig vertraut, werden manchmal sogar als anstößig empfunden, so wie der Vergleich Gottes mit einer Mutter oder einer nährenden Amme. Doch solche unbekannten und unbequemen Gottesbilder belegen deutlich, dass die Bibel Gott eben nicht nur auf eine einzige Weise beschreibt. Die Bibel redet durchaus in unerwarteten, ja ärgerlichen Bildern, z.B. wenn sie Gott als auf dem Boden herumkriechende, suchende Frau beschreibt (Lk 15). Doch täte sie solches nicht, würde sie zwar nicht in Statuen, aber doch in Bildworten festlegen, wie Gott zu sein hat.

Dieser Gefahr erliegen die Verfasserinnen und Verfasser der Psalmen, Briefe und Evangelien nicht. Sie ehren Gott, indem sie sein Geheimnis wahren. Die große Bandbreite, mit der die Bibel Gottes Wesen beschreibt, wird dem gerecht, was das Bilderverbot ausdrücken will: Lasst euch in euren Vorstellungen über Gott in Frage stellen. Reduziert Gott nicht auf das, was euch passt. Er ist mehr, und dabei durchaus widerspenstig. Und seid euch darüber klar, dass die Bilder, in denen ihr von ihm sprechen könnt, immer nur Annäherungen sind, stammelnde Versuche, das Unsagbare sagbar zu machen.

Menschen brauchen Bilder, um von Gott und mit Gott reden zu können. In der Bibel finden sich hilfreiche Bildworte, die offene Bilder hervorrufen. Das Bilderverbot tritt neben diese »inneren Bilder«, damit Gott Gott bleiben kann und die Menschen seine Andersartigkeit respektieren. So gilt also beides: Menschen brauchen das Vehikel der »Bilder« und sie brauchen die strenge Kargheit des Bilderverbots.

»Ich bin für euch da«

Das Bilderverbot untersagt, sich dreidimensionale Darstellungen Gottes zu machen und sich in bildhaften Aussagen auf Eindeutigkeit festzulegen. Ähnlich ist es mit dem zentralen biblischen Gottes»bild«, dem Gottesnamen. »Ich bin, der ich sein werde«, sagt Gott dem Mose, als er ihn nach seinem Namen fragt (Ex 3,14). Vielfältig kann man diesen Gottesnamen übersetzen: »Ich bin für euch da« oder »Ich bin der: Ich gehe mit«. All diesen Übersetzungsversuchen ist gemeinsam, dass sie nicht festlegen, wie Gott da ist. Wer mit Gott lebt, wird es auf eigene, besondere Weise erfahren, wie Gott mitgeht und hilft. In der Zukunft wird er es erleben. So erweist Gott in seinem Namen, dass er ein sich bewegender Gott ist. »Die Zukunft ist sein Land«, wie es in einem Lied heißt (Evang. Gesangbuch Nr. 395). Gott steckt nicht in der Vergangenheit fest, er verharrt nicht bewegungslos und unerschütterlich an einem Ort. Es passt nicht zu seinem Wesen, ihn in Stein zu hauen. Aber es passt zu seinem Wesen, sich mit ihm auf den Weg zu machen, mit ihm zu sprechen, sich von ihm verändern zu lassen.

Gottes Ebenbild

In der Ablehnung von Bildern und Plastiken, die Gott darstellen, sind sich Juden und Christen bis heute einig und diese Bildlosigkeit verbindet sie auch mit dem Islam. Im Unterschied zu diesen beiden Religionen hat Gott sich für die Christen aber doch in einem besonderen »Bild« den Menschen gezeigt: in seinem Sohn Jesus Christus. In einem Wesen aus Fleisch und Blut ist er zu den Menschen gekommen. In Jesu Leben mitten unter den Menschen hat Gott gezeigt, wie er ist und was er will. Und auch die größte Starre, das endlose Erstarren im Tod hat er mit Jesus überwunden. So ist Christus »das Ebenbild des unsichtbaren Gottes« (Kol 1,15) – in ihm hat Gott selbst sein Bild gezeichnet, hat er Maßstab und Erkennungszeichen gesetzt. Für Christen ist die Fülle der Gottesbilder in Christus zur Erfüllung gekommen, ohne durch ihn eingeschränkt worden zu sein.

Von ihm, dem menschgewordenen Gott, Bilder zu machen, verstößt nach Ansicht der Christenheit nicht gegen das Bilderverbot. Die Darstellungen Jesu sind ja das Abbild seiner menschlichen Seite und stellen den dar, den Gott selbst zu seinem Bild gemacht hat. Jedoch ist die Einstellung der christlichen Kirchen zu religiösen Bildern recht unterschiedlich. Die orthodoxen Christen verehren Ikonen als offenbarte »wahre Bilder«. In römisch-katholischen wie in den evangelisch-lutherischen Kirchen ist das Kruzifix mit Corpus selbstverständlich. Evangelisch-reformierte Gemeinden dagegen lehnen jede bildliche Darstellung in ihren Kirchen ab.

Das alttestamentliche Bilderverbot legt aber auch für die Darstellungen Jesu eine kritische Haltung nahe. Zu fragen ist, ob die Christusbilder ihn nicht auf eine spezielle Sichtweise fixieren, die ihm nicht gerecht wird (z.B. »der blonde Jesus«, »der europäische Christus«, »Jesus der Held«). Die reiche Vielfalt der Jesusbilder in der weltweiten Ökumene hilft vermeiden, Jesus einseitig in der eigenen Kulturwelt zu verankern.

Bilderverbot heute

Das Bilderverbot der Zehn Gebote ist für jeden Christen und jede Christin Anregung und Mahnung, das eigene Bild von Gott zu überprüfen: Lege ich Gott fest, packe ich ihn in eine Schublade? Auch stellt es in Frage, wie wir mit sakralen Bildern in unseren Gemeinderäumen und Kirchen umgehen. Haben wir eine Vorliebe für nur eine bestimmte Kunstrichtung – und was bedeutet das für unser Gottesbild? Haben wir unbemerkt schon begonnen, die Bilder zu verehren und nicht mehr nur den, den sie ehren wollen? Der Jesuit *Friedhelm Mennekes*, der etliche Kunstprojekte in Frankfurt und Köln initiiert und begleitet hat, schlägt vor, die Bilder in Kirchen und Gemeindehäusern von Zeit zu Zeit zu verhüllen, um sie wieder neu entdecken zu können. Noch lieber wäre es ihm, wenn wir die Bilder und damit unsere Gottesvorstellungen »beweglich« halten; er fordert Bewegung im Kirchenraum: »Kein Bild länger als ein Jahr an seinem Platz!«

Das Bilderverbot macht über seinen religiösen Zielpunkt hinaus sensibel im Umgang mit Bildern überhaupt. Unsere Alltagswelt ist ja in einer solchen Intensität von Bildern bestimmt, wie nie zuvor in der Menschengeschichte. In der Bilderflut, ja Bilder-Überschwemmung fällt es schwer, wirklich hilfreiche, zukunftsöffnende Bilder zu entdecken. Ein Bilderverbot täte wohl not – oder besser ein freiwilliger Bilderverzicht, »Bilderfasten«. Der Filmregisseur *Michael Verhoeven* warnt vor der Überreizung durch schockierende Bilder von Verbrechen und Sensationen. Dies gilt für ihn insbesondere für den sensiblen Bereich der Darstellungen des Holocaust. Er plädiert dafür, sich gewalttätigen Bildern schlicht zu entziehen. Man muss sich nicht alles anschauen, auch nicht in der Tagesschau.

Weil Bilder eine prägende Kraft haben, bisweilen geradezu magische Kräfte (»*bilidi*«!), warnt das Bilderverbot nicht nur vor einem kritischen Umgang mit Gottesbildern, sondern auch mit Menschenbildern. Dies ist im doppelten Sinn gemeint: Bilder *von* Menschen und Bilder *über* Menschen. Wo wir einen Menschen auf ein bestimmtes Bild festlegen, ihn »in Schubladen packen«, ist das Bilderverbot eine Mahnung, der Vielfalt Raum zu geben. Und wo wir Bilder, die Menschen hergestellt haben – Kunstwerke von der Kinderzeichnung bis zum Millionenobjekt – zu vergöttern beginnen, rufen das Bilderverbot und das erste Gebot in Erinnerung: Vergöttere kein Bilder; denn woran du dein Herz hängst, das ist dein Gott.

Bibelarbeit

1. Auf den Bibeltext zugehen [→•]

1. Der/die Leiter/in (L) hat als Symbol eine leere Schublade mitgebracht. Die Teilnehmerinnen und Teilnehmer (TN) werden gebeten, sich zu erinnern, ob und wie sie andere Menschen vorschnell festgelegt und unwiederbringlich beurteilt haben, und ob sie selbst schon von anderen »in eine Schublade gesteckt« wurden. Mit dem/der Nachbarn/in tauschen sich die TN aus.
2. Nun sollen die TN überlegen, ob sie nicht auch Gott in gewisse »Schubladen« stecken. Dazu werden sie gebeten, die Augen zu schließen und für sich selbst ehrliche Antworten auf die folgenden Fragen zu finden: • Wie stelle ich mir Gott vor? • Ist Gott Mann oder Frau? • Ist Gott alt oder jung? Schwarz oder weiß? Freundlich oder skeptisch? • Sitzt oder steht Gott? Im anschließenden Gespräch kann deutlich werden, dass wir alle ein geprägtes Gottesbild haben.

2. Dem Bibeltext begegnen [→←]

1. Der Text des Bildergebotes liegt auf einen weißen Papierstreifen geschrieben in der Mitte (bzw. hängt an der Wand). L erläutert den historischen Hintergrund dieses Gebotes. In Kleingruppen diskutieren die TN, wovor dieses Gebot Gott schützt und wovor es die Menschen schützt. Ihre Gedanken notieren sie auf roten »Warnungs«-Papierstreifen. Auf blauen »Freiheits«-Streifen schreiben sie anschließend auf, was ihrer Meinung nach das Evangelium, die gute Nachricht dieses Gebotes ist.

2. In der Konkordanz schlagen die TN nun den Gottesnamen unter dem Stichwort »Herr« auf. Sie werden dabei eine Fülle von Bildworten über Gott entdecken, die sie auf bunte Zettel notieren. Es wird deutlich, dass das Bilderverbot kein Vakuum hinterlässt, sondern inneren Bilder über Gott Raum lässt, ohne ihn auf eines zu fixieren.

3. Mit dem Bibeltext weitergehen

»Gott lässt sich nicht in einer Richtung hin festlegen, er ist bunt und lebendig und weit« – diese Erkenntnis der Textarbeit wird nun sichtbar umgesetzt. Dazu füllt L die Schublade symbolisch mit vielen verschiedenen, großen und kleinen, in allen Farben blühenden Blumen. In der Mitte der Blumen-Schublade steht ein Christusdorn – Hinweis darauf, dass im Angesicht des Gekreuzigten Gott selbst zu sehen ist.

»Ich weiß nicht, wie Gott aussieht, ich versuche auch nicht, ihn ins Bild zu bekommen. Ich kann nur auf ihn warten; das will sagen, dass ich mit Gott nicht fertig bin, dass ich ihn vor allem ganz und gar nicht besitze und wäre es auch nur in einem Bilde. Gott wird einmal selber hervortreten. Das ist die Erwartung, die mich mit ihm verbindet.«

Gustav Heinemann

christusbilder

clemens von alexandrien:
siehst du deinen bruder
so siehst du deinen gott

nur leben
entwirft
vom leben
lebendige bilder

was schaben
was pinseln
die maler
auf kirchengerüsten
an toten gemälden?

des lebens
und seines fürsten
lebendiges bild
sind frauen
und männer

Kurt Marti

Literatur

Rainer, Michael J./Janßen, H.-G., Bilderverbot (Jahrbuch Politische Theologie Bd. 2), Münster 1999

Themenheft **»Gott und die Götter«**, in: **Welt und Umwelt der Bibel Nr. 11, 1/1999**

Namenloses Leid
schwappt
über die Völker.

Wir flehen
den Namen der Namen
an.

Ruf doch
die Leidenden
alle bei Namen.

Dein Name sei der,
der die Leiden
teilt.

Du sollst den Namen des Herrn, deines Gottes, nicht missbrauchen. (Luther)

Trage nicht Seinen deines Gottes Namen auf das Wahnhafte. (Buber)

Dieter Bauer

Den Namen Gottes nicht missbrauchen

Vom Missbrauch Gottes

»... und bis Hagrid es mir gesagt hat, wusste ich überhaupt nicht, dass ich ein Zauberer bin und auch nichts von meinen Eltern und Voldemort.«
Ron stockte der Atem.
»Was ist?«, fragte Harry.
»Du hast Du-weißt-schon-wer beim Namen genannt!«, sagte Ron entsetzt und beeindruckt zugleich. »Ich hätte nicht gedacht, dass ausgerechnet du – «
»Ich möchte nicht so tun, als ob ich besonders mutig wäre, wenn ich den Namen sage«, antwortete Harry. »Ich habe einfach nicht gewusst, dass man es nicht tun sollte. Verstehst Du?«

»Namen sind Schall und Rauch«?

Dieses kurze Gespräch ist dem momentanen Bestseller »Harry Potter und der Stein der Weisen« entnommen. Der kleine Harry muss sich darin den Mächten des Bösen erwehren, deren Anführer ein gewisser Voldemort ist. Dieser Voldemort ist so böse, dass die meisten nicht einmal seinen Namen in den Mund nehmen. Und wenn doch, dann nennen ihn alle einfach *Du-weißt-schon-wer*. Namen sind eben nicht nur »Schall und Rauch«. Niemandem ist es egal, wie er angesprochen wird – davon kann jeder ein Lied singen, der schon einmal einen Namen falsch geschrieben hat.

In unserem »Harry Potter«-Buch ist es der Name des Bösen, der nicht genannt werden darf. Beim dritten Gebot geht es um den Namen Gottes.

Gott hat einen Namen

In der Bibel gibt es eine eigene Geschichte davon, wie der Name Gottes unter den Menschen bekannt geworden sei. Sie findet sich innerhalb der Erzählung vom Auszug aus Ägypten und handelt davon, wie Mose seine Berufung erkennt. In der Erzählung von der Gottesoffenbarung im brennenden Dornbusch wird Mose von Gott selbst davon überzeugt, dass er und nur er allein der geeignete Mann ist, sein Volk aus Ägypten herauszuführen. Die Befürchtung des Mose ist allerdings, dass er von seinen Volksgenossen als Anführer nicht akzeptiert werden würde. Gott gibt ihm die nötige Sicherheit, indem er ihm seinen Namen nennt: »Ich-bin-der-ich-bin-da«. Und er erinnert ihn daran, dass er schon der Gott der Stammväter des Volkes der Hebräer gewesen sei: *»der Gott Abrahams, der Gott Isaaks und der Gott Jakobs«* (Ex 4,6). Insofern ist der Gottesname nichts Neues, sondern er knüpft an die Erfahrungen an, die das Volk seit jeher mit diesem Gott gemacht hat: »Ich-bin-der-ich-bin-da«.

Mit dieser Zuversicht, dass Gott immer und überall für ihn und sein Volk »da-sein« wird, unternimmt es Mose tatsächlich, sich auf den langen Weg heraus aus der Sklaverei Ägyptens in ein unbekanntes Land zu machen und auch seine eigenen Volksgenossen davon zu überzeugen, dass ihr Gott der »Ich-bin-da« ist.

»Ich-bin-der-ich-bin-da« – eine Erfahrung

Nach der »Flucht aus Ägypten« und der wunderbaren Durchquerung der Meeresfluten kommen die Hebräer aber nicht im »Gelobten Land« an, sondern in der Wüste. Dieser »Marsch durch die Wüste« wird für sie eine harte Bewährungsprobe ihres Glaubens an den »Ich-bin-da«. Immer wieder murren sie, wenn Hunger und Durst, Einsamkeit und Kälte übermächtig werden. In solchen Situationen ist es nicht einfach, den Glauben daran durchzuhalten, dass Gott »da ist« – die augenblicklichen Erfahrungen sprechen einfach dagegen. Doch immer wieder machen die Hebräer ebenso die Erfahrung, dass dieser Gott tatsächlich – mitten in der Wüste – für sie sorgt: durch Wasser aus dem Felsen, durch Manna und Wachteln vom Himmel, durch Schutz vor Schlangen. Und sie lernen, dass Gott nicht nur bei den »Fleischtöpfen Ägyptens« zu finden war, wie sie irrtümlich annehmen, sondern gerade hier in der Wüste. Am Gottesberg Sinai begrüßt er sie mit den Worten: *»Ihr habt gesehen, was ich den Ägyptern angetan habe, wie ich euch auf Adlerflügeln getragen und hierher zu mir gebracht habe«* (Ex 19,4). Auch dies ist eine Umschreibung des Gottesnamens. Die Wüste ist nicht nur ein Ort der Gefährdung des Gottesglaubens, sondern auch ein Ort der unmittelbaren Gottesnähe. Gottes Plan war es offensichtlich von Anfang an, sein Volk heraus aus Ägypten zu führen, damit es ihm in der Wüste näher kommen kann. Und hier in der Wüste, am Gottesberg, ist es dann auch, wo dem Volk die »Zehn Gebote« gegeben werden.

In der Einleitung zu den Zehn Geboten wird noch einmal auf die Gotteserfahrung des Volkes Bezug genommen: *»Ich bin der Ich-bin-da, dein Gott, der dich aus Ägypten geführt hat, aus dem Sklavenhaus«* (Ex 20,2). Dieser Gott, mit dem das Volk gerade eben die überwältigende Erfahrung gemacht hat, dass er Freiheit und nicht Knechtschaft will, gibt mit den Zehn Geboten Wegweisungen für den Weg seines Volkes ins »Gelobte Land«. Durchweg wollen diese Gebote die Freiheit bewahren, die sich die Hebräer durch ihre Flucht aus Ägypten mühsam erworben haben.

Doch inwiefern dient nun das Verbot, den Namen Gottes zu missbrauchen, der Bewahrung der Freiheit? Was passiert, wenn der Name Gottes, das Reden von der Erfahrung, dass Gott der »Ich-bin-da« ist, missbraucht wird, oder wie es wörtlich heißt: »für ein Nichts ausgesprochen« wird? Im biblischen Text werden ja schlimme Strafen angedroht (Ex 20,7).

Kein mächtiger Magier

Doch: Nicht weil Gott ein noch mächtigerer Magier wäre als der böse Voldemort in Harry Potter, nicht weil Gott überhaupt der mächtigste Machthaber wäre, der bei Beleidigungen unbarmherzig zuschlagen würde, sollten wir behutsam damit sein, seinen Namen auszusprechen. Die Ehrfurcht vor dem Gebrauch des Gottesnamens ist ganz anderer Art. Sie hat nichts mit Angst zu tun, sondern im Gegenteil: mit Liebe.

Das Volk Israel hat seinen Gott kennen gelernt als einen Gott, der es nicht zulassen will, dass sein Volk in Knechtschaft lebt, der nicht zulassen will, dass es ein Leben lebt, das diesen Namen nicht verdient. Aus Liebe zu seinem Volk hat er in die Geschichte eingegriffen: *»Ich habe das Elend meines Volkes in Ägypten gesehen, und ihre laute Klage über ihre Antreiber habe ich gehört. Ich kenne ihr Leid«* (Ex 3,7). Dieser liebende und mit seinem Volk mitleidende Gott ist es, von dessen Namen die Rede ist, nicht der eines neuen Pharaos. Aus dieser Beziehung des Volkes zu einem liebenden Gott gewinnt der Gottesname seine »Heiligkeit«.

Die Heiligkeit Gottes und die der Pharaonen

Mir scheint der Begriff der »Heiligkeit« ein angemessener Begriff dafür zu sein, worum es bei der Nennung des Gottesnamens geht. Wenn wir einmal für uns selbst überlegen, was uns »heilig« ist, dann merken wir, dass wohl jeder Mensch und auch wir etwas haben, das wir niemals »in den Schmutz ziehen« würden und das wir jederzeit gegen andere verteidigen würden, die dies vorhaben. *»Gebt das Heilige nicht den Hunden, und werft eure Perlen nicht den Schweinen vor«*, sagt Jesus einmal (Mt 7,6).

Wir wissen genau, dass nichts mehr so wäre wie zuvor, wenn wir dies täten. Das »Heilige«, etwa das einer liebenden Beziehung oder das eines

Geheimnisses, das ich mit jemandem teile, würde profanisiert und verlöre seinen Zauber, seine »Heiligkeit«. Wenn ich mich am »Heiligen« von jemand anderem vergreife, etwa indem ich mich über etwas lustig mache, was mir jemand anderer anvertraut hat, dann tue ich nicht nur diesem Menschen damit etwas an, sondern auch mir selber. Die Welt hat wieder ein klein wenig von ihrem Zauber verloren. Deshalb ist der Umgang mit dem »Heiligen« so heikel. Die Bibel nennt das »Heilige« Gott. Stets geht es bei »Heiligem« um Beziehungen. Deshalb ist auch die »Strafe«, die das Entweihen des »Heiligen« bzw. der Missbrauch des Gottesnamens nach sich zieht, eine logische Konsequenz: niemand wird dies ungestraft tun!

Nun ist – jeder weiß das – im Laufe der Geschichte schon viel Schindluder mit der »Heiligkeit« – auch derjenigen Gottes – getrieben worden. Genau deshalb sind Kriterien so ungemein wichtig, um zum Beispiel die »Heiligkeit« des ägyptischen Pharaos, der bis heute in jedem weltlichen und geistlichen Gewaltherrscher wieder aufersteht, zu unterscheiden von der Heiligkeit des Gottes Israels. Während der eine unfreier und unmündiger Menschen bedarf, um Gott sein zu können, will der andere freie und selbstbestimmte Menschen. Während der eine sich nur um sich selber und die Mehrung seines Reichtums sorgt, sorgt der andere für sein Volk, damit es diesem wohl ergeht. Während der eine nur durch Gewalt und Unterdrückung seine Herrschaft erhalten kann, kann es sich der andere leisten, Freiheit zu gewähren.

Doch was bedeutet diese Erkenntnis ganz praktisch? Geht es wirklich nur darum, dass wir den »richtigen Gott« verehren? Nein! Es geht nicht darum, einfach nur den »richtigen Gott« mit seinem Namen anzusprechen, wie es etwa die »Zeugen Jehovas« versuchen, sondern es geht darum, wie wir überhaupt von »Gott« sprechen.

Aber: Lässt sich über das »Heilige«, das »Göttliche«, das »Geheimnis« überhaupt reden? Und was passiert, wenn wir dies tun? Was passiert, wenn wir versuchen, »dem Kind einen Namen zu geben«? Legen wir damit nicht Gott auch schon wieder fest, wie es das Bilderverbot verbietet? Immer wird auch die Gefahr sein, etwas zu zer-reden! Immer wird die Gefahr sein, dass wir »plappern«, dass wir nicht die angemessenen Worte finden. Immer wird die Gefahr sein, dass alles, was wir stammelnd formulieren, auch schon wieder falsch ist. Unsere Sprache, zumindest unsere Alltagssprache, hat natürliche Grenzen, wo sie etwas formulieren soll, was über die Alltagswirklichkeit hinausgeht.

Von Gott plappern

Da sind wir bei einem Grundproblem jeden Sprechens von Gott, einem Grundproblem jeder Theologie angelangt: Jeder Theologe muss rein beruflich von Gott sprechen. Und das ist ausgesprochen heikel, wie etwa das folgende Gedicht von *Michael Krüger* zeigt:

Vorne pickte der alte Pfarrer
ohne eine Lösung zu fordern
wie ein schwarzer Vogel lustlos
im Evangelium, schien aber nichts
zu finden, uns zu verführen.
Kein Leitfaden, kein Trost.
Nach einer Stunde war alles vorbei.
Draußen lag ein unerwartet helles Licht
über dem See, und ein Wind kam auf,
der mich die Unterseite der Blätter
sehen ließ.

Die Bibel würde sagen, da wird der Name Gottes »für ein Nichts ausgesprochen«. Es ist ein von Gott Plappern ohne Begeisterung, aber auch ohne Trost und Leitung zu geben. Der Theologe ist der Fachmann in Sachen

Gott. Aber das regt niemanden auf, nicht einmal den Prediger selber. Und das Geheimnis, das »unerwartet helle Licht«, liegt draußen, und der Wind zeigt die Unterseite der Blätter, die bisher verborgen war.

Dabei wäre es auch kein Fortschritt, wenn der Pfarrer um Trost und Leitung zu geben, Sätze drechselte wie: »Gott führt dich auf allen Wegen«, oder »Gott ist dein Trost und dein Halt«. Wer versucht, Gott zu erklären, muss scheitern. »Wenn du Gott begriffen hast, ist es nicht Gott«, hat Augustinus einmal gesagt. Gott entschwindet dem Zugriff der Erklärer.

Nun aber ist die Erklärung – trotz aller Theologie! – nicht die angemessene Sprache von Gott. Um von Gott zu sprechen braucht es eine andere Sprache. Von Gott sprechen geht eigentlich nur in Worten der Poesie – oder gar nicht. In diesem Zusammenhang finden auch die beiden oben genannten Stichwörter »Lust« und »Verführung« ihren Platz. Wer das nicht glaubt, möge versuchen vom »Geheimnis der Liebe« zu sprechen oder es gar zu erklären versuchen. Die Liebe wird verloren gehen, ihr Zauber entschwindet, und übrig bleiben Worthülsen – so wie es uns Theologen immer wieder passiert, wenn wir versuchen von Gott zu sprechen.

Von Gott schweigen?

Wenn es nun aber so heikel ist, überhaupt von Gott zu sprechen, sollten wir dann nicht besser schweigen, wie es große Theologen zu allen Zeiten empfohlen haben? Oder anders gesagt: Ist das dritte Gebot nicht am besten dadurch befolgt, dass wir den Gottesnamen erst gar nicht in den Mund nehmen? Bekanntlich nennen Juden den Namen Gottes bis heute nicht, sondern umschreiben ihn mit »Herr« oder einfach nur »der Name«. Dahinter verbirgt sich eine große Ehrfurcht vor dem Gottesnamen und wohl auch ein Wissen darum, dass kein Name groß genug wäre, angemessen von Gott reden zu können.

Das dritte Gebot, das den Missbrauch des Gottesnamens verbietet, will zwar auf der einen Seite sagen, dass man nicht leichtfertig und unangemessen von Gott sprechen darf. Das heißt aber nicht, dass man am besten von Gott schweigen soll. Im Gegenteil: Die Vielzahl der Namen, die Gott schon gegeben wurden – nicht nur in unserer Heiligen Schrift, sondern weltweit, wo Menschen von Gott reden und mit ihm ihre Erfahrungen machen – gibt in ihrer Gesamtheit eine angemessenere Annäherung an die »Heiligkeit« Gottes wieder, als es jede noch so gute Theologie könnte. So weiß der Islam beispielsweise von den »99 Namen Gottes«, aber auch davon, dass damit das Geheimnis Gottes längst nicht ausgeschöpft ist.

Der Missbrauch des Gottesnamens

Bedenkt man, dass jede Rede von Gott immer etwas beschreibt, das jemandem »heilig« ist, dann ist jedes despektierliche Reden von Gott, wie es z.B. manche Medien heute als übliche Praxis betreiben, etwas ganz Schlimmes. Und zwar nicht, weil eine Institution, die diesen Gott für sich gepachtet zu haben glaubt, dadurch beleidigt würde. Sondern weil jeder despektierliche Umgang mit etwas, das jemandem anderen »heilig« ist, unter keinen Umständen akzeptabel sein kann – und das betrifft nicht nur den Umgang mit Gott und seinen verschiedenen Namen!

Ein anderes: Es gibt auch einen Missbrauch des Gottesnamens, der darin besteht, dass so inflationär von ihm die Rede ist, dass er niemanden mehr »aufregt«. Dies ist vor allem in Richtung an die Theologen und religiösen Institutionen gesagt. Man kann von Gott nicht reden wie von irgendeinem Forschungsgegenstand, der ununterbrochen von allen Seiten beleuchtet wird. Und vor allem ist solches Reden auch noch kontraproduktiv: die Besonderheit Gottes geht verloren! Würde man öfter bedenken – und von diesem Vorwurf nehme auch ich als Theologe mich nicht aus – wer dies ist, von dem wir reden, dann wäre oft das Schweigen oder Fragen die angemessenere Reaktion als »kluges« Daherreden. *Ernst Barlach* hat es einmal so ausgedrückt: »Ich schäme mich von Gott zu sprechen – das Wort ist zu groß für meinen Mund. Ich begreife, dass er nicht zu begreifen ist. Das ist all mein Wissen von ihm! ... Nimmt man den Begriff so hoch, so bringt man die Lippen nicht voneinander. Nimmt man ihn häufig auf die Zunge, so macht man daraus ein Backpflaumenmus.«

Ein letztes: Das Aussprechen des Gottesnamens ist immer das Herstellen einer Beziehung. Ich rede quasi von einem oder einer Bekannten. Wie ich das tue, wird immer von der Art der Beziehung abhängen. Missbrauch hieße, diese Beziehung zu leugnen oder in den Schmutz zu ziehen. Dadurch, dass wir von unserer Gottesbeziehung angemessen sprechen und sie selbst auch immer wieder aufnehmen, erhält der Gottesname seine »Heiligkeit«. Und vielleicht kann ja ein solches Reden von Gott übergehen in ein Sprechen zu Gott etwa so, wie es der Berditschewer Rabbi zu tun pflegte:

»Wo ich gehe – Du
wo ich stehe – Du
Nur Du, wieder Du, immer Du
Du. Du, Du!
Ergeht's mir gut, – Du!
Wenn's mir wehtut! – Du!
Nur Du, wieder Du, immer Du!
Du, Du, Du!
Himmel – Du, Erde – Du
Oben – Du, unten – Du
Wohin ich mich wende, an jedem Ende
Nur Du, wieder Du, immer Du!
Du, Du, Du!«

Bibelarbeit

1. Auf den Bibeltext zugehen →•

1. Es werden Zweiergruppen gebildet. Die Teilnehmer/innen (TN) verständigen sich darüber, wie sie von Ihrem jeweiligen Gegenüber angesprochen werden wollen (Vor- oder Nachname). Dann schließt der eine die Augen; der andere spricht dessen Namen aus. Die TN probieren ganz verschiedene Weisen aus, den Namen auszusprechen.
2. Austausch in der Kleingruppe, anschließend in der Gesamtgruppe.

2. Dem Bibeltext begegnen →←

1. Es werden biblische Erzählungen zusammengetragen, in denen »Namen« eine Rolle spielen. Im Rundgespräch wird gemeinsam wahrgenommen, dass Namen nicht nur »Schall und Rauch« sind.
2. Der/die Leiter/in (L) führt in die Berufungsgeschichte des Mose mit ihrer Vorgeschichte ein (Ex 3,23-4,17). Die TN lesen den Text zunächst jede/r für sich mit der Fragestellung: Was bedeutet, dass Gott der »Ich-bin-da« ist, konkret in der Geschichte des Mose/seines Volkes? Anschließend Austausch in der Gesamtgruppe.
3. Dann stellt L die Frage, was in diesem Zusammenhang hieße, »den Namen Gottes für Falsches auszusprechen« (Ex 20,7 // Dtn 5,11).

3. Mit dem Bibeltext weitergehen •→

Es wird ein Plakat aufgehängt, auf dem groß die Worte »Du bist (für mich) ...« stehen. Die TN sprechen Anreden aus oder schreiben sie auf das Plakat. Als Abschluss z.B. »Vater unser« oder das Gebet S.52.

Den Fremden und allen
die eingespannt sind
in die harte Arbeit:

Der Sabbat will ihnen
von Woche zu Woche
Fanal der Befreiung sein.

Den Tieren sogar. Wer
denkt an den Esel mit dem
so schwer beladenen Rücken?

Und schaut auf das Land,
den ausgemergelten Acker: Der
Atem der Brache wird ihm gegönnt.

Beobachte den Sabbat-Tag, ihn zu heiligen, wie der Ewige dein Gott dir geboten.
Sechs Tage kannst du arbeiten und all deine Werke verrichten:
Aber der siebente Tag ist Feiertag dem Ewigen deinem Gott. (Zunz)

Halte den Ruhetag am siebten Tag der Woche, so wie es der Herr, dein Gott, befohlen hat.
Er ist für dich ein heiliger Tag, der dem Herrn gehört. Sechs Tage in der Woche sollst du arbeiten
und alle deine Tätigkeiten verrichten; aber der siebte Tag ist der Ruhetag des Herrn, deines Gottes.
(Gute Nachricht Bibel)

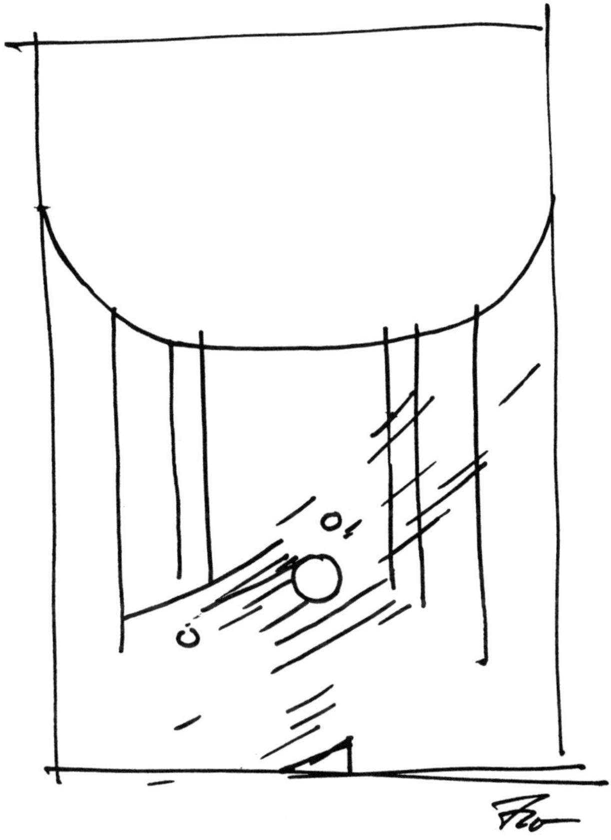

Wolfgang Wieland

Gedenke des Sabbattages

Unterbrechung der Zeit und Zwecke

»Sonntag, Sonntag, ein Sonntag auf dem Lande. Ein Garten, ein Haus. Die Familie hält Siesta. Die Sonne steht noch hoch. Der liebenswürdige Vater... schläft in der besten Stunde nach dem Mittagessen im Halbschatten. Nun erst meldet sich die leise Welt der Grillen, tauchen wir besuchsweise ein in den Hintergrund von Pflanzendüften und Gesumm, merken auch die Bewegung in den Baumkronen, das feine Weben in der Nähe, Eisenbahnzüge und Motorenton nur ganz von Ferne. Ein Fest mit den Sensationen des Kleinsten... Der große Sonntag, an dem nichts herrscht, das Fest der Seele, Herrschaft allenfalls der Ruhe. Die Zwecke sind vertagt, sie gehören den anderen Tagen. Die instrumentelle Vernunft ist außer Kraft gesetzt. Heute verfolgen wir keine Ziele. Es beruht alles auf sich...

Die Zauber dieser herausgesprengten, für zweckfrei erklärten Zeit entfalten sich ebenso an einem Sonntagmorgen im Bankenviertel zu Frankfurt am Main. Kein Mensch ist zu sehen. Der Himmel spiegelt sich in den blanken Türmen des Kapitals. Die Wolken, wenn sie über das Glas ziehen, holpern über die Raster der Rahmen. Nur daran, nur wenig merken wir den Unterschied zum wahren Himmel... Überlaut werden die Spatzen. Das Grundrauschen der Stadt ist so schwach, dass ihr proletarisches Konzert, das Rucksen der Tauben und ein entfernter Kinderruf die wahrnehmbarsten Laute sind. Der Hintergrund meldet sich zu Wort... Zum Sonntag gehört seine Gewöhnlichkeit, der Takt der sieben Tage. Ein Fest nach der Uhr und doch ein Fest...«

So beschreibt der Jesuit E.Nordhofen den Sonntag (in: Der Engel der Bestreitung, 1993, S. 37ff). Paradiesische Zweckfreiheit, Herrschaftsfreiheit, Unterbrechung von Zweck und Nutzen – das sind seine Kennzeichen. Ein solcher Tag erscheint heute, wo Leben vielfach beherrscht ist von einem Zweck- und Nützlichkeitsdenken, schon fast wie eine Provokation. »Was bringt's?« ist die vorherrschende Frage. Und sie erfasst alle Lebensbereiche. Der Gegensatz von Arbeit und Feierabend verschwimmt. Tourismus, Freizeit und Unterhaltung sind industrialisiert; Sport, Kultur- und Kunstbetrieb kommerzialisiert. Selbst in die privaten Beziehungen dringt die Frage ein: Was habe ich davon?

Freisein von Funktion und Nutzen

Sogar der Sonntag wird funktionalistisch umgedeutet: Er ist zu etwas gut; er dient der Wiederherstellung der Arbeitskraft oder dem Auftanken der Seele. Wenn es aber nur darum ginge, könnte jeder seinen individuellen Ruhetag nehmen, ohne dass »alle Räder still stehen müssten«. Die öffentliche Ruhe aber, so Nordhofen, ist etwas anderes als die private. In ihr geht es um mehr als um Erholung. Die öffentliche Ruhe des Sabbat unterbricht und relativiert die wirtschaftlichen Zwecke, sie relativiert überhaupt menschliche Zwecke, menschliches Machen und Herstellen, Brauchen und Gebrauchen. Diesen Sabbat/Sonntag kann nur ein Gott »anordnen«, der selber menschliche Zwecke und Bilder übersteigt. Der Gott des Sabbat befreit von jedem Funktionalismus, weil er, im Gegensatz zu den vielen Göttern, die sich Menschen immer wieder machen, keine Verlängerung menschlicher Bedürfnisse und Interessen ist. Nordhofen formuliert dies so: *»Es hatten ihre Feste auch die Götter mit Genitiv: die Göttin der Stadt, der Gott der Schmiede und der Unterwelt. Am soundsovielten ist der Aschdarot zu opfern. So hat die Fruchtbarkeit ihren Tag, der Krieg seinen himmlischen Agenten unter dem Namen des Ares. Poseidon sorgt für das Meer, Aphrodite für die Liebe, ... Indem der Opfernde seinerseits für die Götter sorgt, macht er sie zu Tauschpartnern und Kom-*

plizen, ... Alles ist in der hellenistischen Welt voll von Göttern, voll von Zwecken. Der römische Kalender ist voll von Feiertagen, doch einen Sonntag kennt er nicht.«

Tag der Freiheit – Das Sabbatgebot in Dtn 5

»Ich bin Jahwe, dein Gott, der ich dich herausgeführt habe aus Ägypten, aus dem Sklavenhaus« (Dtn 5,6; Ex 20,2). Diese Überschrift über die Zehn Gebote macht deutlich, worum es in den Geboten geht: um die Bewahrung der Freiheit, die Gott im Exodus geschenkt hat. Das Sabbatgebot nimmt von allen Geboten am deutlichsten Bezug auf diese Überschrift. In der Fassung des Buches Deuteronomium (Dtn 5,12-15) heißt es: *»Achte auf den Sabbattag und heilige ihn, wie dir Jahwe, dein Gott, geboten hat. Sechs Tage kannst du schaffen und jede Arbeit machen, der siebte Tag aber soll Sabbat sein für Jahwe, deinen Gott. Du sollst keinerlei Arbeit machen: Du, dein Sohn und deine Tochter, dein Sklave und deine Sklavin, dein Rind und dein Esel und all dein Vieh und der Fremde in deinen Stadttoren, damit ausruhen kann dein Sklave und deine Sklavin ebenso wie du. Denke daran: du warst Sklave im Land Ägypten, und Jahwe, dein Gott, hat dich von dort herausgeführt mit starker Hand und erhobenem Arm. Darum hat dir Jahwe, dein Gott geboten, den Sabbattag zu machen.«*

Die Feier des Sabbat ist Gedächtnis und Vollzug der Befreiung aus der Sklaverei Ägyptens. Arbeit wird dabei also in die Nähe der Sklaverei gerückt; sie erscheint vor allem als Mühsal und Plage. Im Hebräischen klingt das in der Verwandtschaft der Worte »Sklave« (*eved*) und »arbeiten« (*avad*) an. Einmal in der Woche soll der Mensch frei sein von niederdrückender Arbeit, die ihn im Alltag beherrscht; einmal in der Woche soll er aufatmen und Exodusfreiheit genießen und sich dabei seiner Menschenwürde bewusst werden.

Unfrei machende Arbeit: zunächst ist hier an die konkreten Arbeitsbedingungen gedacht, die auch für einen freien Bauern hart waren. Darüber hinaus geht es um das Eingespanntsein in Zwänge, Zwecke und Funktionen überhaupt. Symbolfigur der ägyptischen Sklaverei war der Pharao mit seinem Totalitätsanspruch. Das Sabbatgebot setzt den Totalitätsanspruch des Pharao und die Zwänge der Arbeit miteinander in Beziehung. Somit will es wohl auch sagen, dass diese Arbeit und die in ihr verfolgten Zwecke Gefahr laufen, Totalitätsansprüche zu erheben, das alles Beherrschende zu werden. Der Sabbat und der Gott des Sabbat unterbrechen aber alle Totalitätsansprüche. Der Sabbat schafft Raum für Freiheit und für Jahwe, den Gott dieser Freiheit. »Den Sabbattag heiligen« meint genau dies. »Heiligen« heißt aussondern. Der Sabbattag ist ausgesonderte Zeit, dem üblichen zweckorientierten Leisten, Machen und Gebrauchen entzogen.

Besonders wichtig ist, dass die Wohltat des Sabbat nicht nur dem Herrn gilt, dem freien Bauern, der zunächst in den Zehn Geboten angesprochen ist, sondern auch dem Knecht, dem Sklaven und der Sklavin, auch dem Fremden, ja sogar den Tieren. Alle Herrschaftsansprüche werden an diesem Tag suspendiert. Das Sabbatgebot spricht seine Adressaten also in zweierlei Hinsicht an: Einerseits als von Arbeit und Sachzwängen Beherrschte, die Befreiung brauchen – andererseits als Beherrschende, denen zugemutet wird, Andere und Anderes in die Freiheit zu entlassen. Niemand kann Sabbat feiern und sich der Exodusfreiheit erfreuen, sich aber gleichzeitig wie der Pharao gebärden. Sabbat feiern heißt, Verfügungsansprüche loslassen und Freiheit gewähren. Das Sabbatgebot wird zu einem sozialen Gewissen, das alle Herr-Knecht-Verhältnisse relativiert.

Vollendung der Schöpfung – Das Sabbatgebot in Ex 20

Während der Sabbat in Dtn 5,12-15 mit der Befreiung aus Ägypten begründet wird, verbindet ihn Ex 20,8-11 mit dem siebten Schöpfungstag: *»Denke an den Sabbattag und heilige ihn... Denn in sechs Tagen hat Jahwe Him-*

mel und Erde und Meer gemacht und alles, was dazu gehört, am siebten Tag aber hat er geruht. Darum hat Jahwe den Sabbattag gesegnet und ihn geheiligt.«

Im Schöpfungslied Gen 1 - 2,3, auf das hier Bezug genommen wird, gilt der Sabbat als Vollendung der Schöpfung. In Gen 2,2f heißt es dazu: »*Und Gott vollendete am siebten Tag seine Arbeit, die er gemacht hatte, und er hörte am siebten Tag auf mit all seiner Arbeit, die er gemacht hatte. Und Gott segnete den siebten Tag und heiligte ihn: denn an ihm hörte er auf mit all seiner Arbeit, die Gott geschaffen hat, um zu machen.«*

Arbeit wird hier, anders als im Sabbatgebot des Dekalogs, nicht als mühselige Plage verstanden, die der Sklaverei ähnlich ist, sondern als positives, schöpferisches Tun. Trotzdem ist diese Arbeit nicht alles. Zwar fehlt der Schöpfung nichts, was durch Arbeit hinzugefügt werden müsste. Dennoch bedarf es der Vollendung. Sie geschieht am siebten Tag, indem Gott von seiner Arbeit Abstand nimmt, das Geschaffene frei gibt und sein lässt. Arbeit ist zweckgerichtetes Tun, der siebte Tag aber ist der Tag der Zweckfreiheit. Gott betrachtet das Werk seiner Arbeit nicht mehr unter dem funktionalen Aspekt, der sich zunächst in der wiederholten Feststellung »und er sah, dass es gut war« ausdrückt. »Gut« bedeutet in dieser Wendung »funktionstüchtig, seinen ihm zugewiesenen Zweck erfüllend«. Das hebräische Wort, das mit »gut« übersetzt wird, bedeutet aber auch »schön«. Das Schöne aber ist zweckfrei. Dieser Sinn des Wortes und die Einsicht, dass das Werk Gottes jenseits aller Funktionen um seiner selbst willen da ist, kommt am siebten Tag in den Blick. Erst darin vollendet sich die Schöpfung.

Auf den siebten Tag folgt in Gen 1 kein achter Tag. Der siebte Tag wird auch nicht wie die vorangegangenen Tage durch die Tagesformel »und es ward Abend, und es ward Morgen« abgeschlossen. Dieser siebte Tag weist in eine noch offene Zukunft. Er weist voraus auf die Geschichte der Menschen, in der sich die Schöpfung Gottes vollenden soll. Und er weist voraus auf das Geschenk Gottes an Israel, das Geschenk des Sabbat, durch den dies geschehen soll. Die Vollendung ist also Verheißung, die grundsätzlich gefährdet ist, gefährdet durch den Menschen.

Wie ist das zu verstehen? Zunächst läuft ja alles auf die Erschaffung des Menschen als Höhepunkt hinaus. Gott schafft den Menschen als sein Bild, als seinen Stellvertreter und Repräsentanten in dieser Welt (Gen 1,26.28): *»Und Gott sprach: Lasst uns Menschen machen als unser Bild etwa als unsere Ähnlichkeit, damit sie herrschen über die Fische im Meer und über das Fluggetier am Himmel und über das Vieh… Und Gott sprach zu ihnen: Seid fruchtbar und werdet zahlreich und füllt die Erde und nehmt sie in Besitz (unterwerft sie euch). Und herrscht über die Fische im Meer und über das Fluggetier am Himmel und über jedes Tier, das sich auf der Erde regt.«*

Die »Herrschaft« des Menschen

Als Bild Gottes soll der Mensch in der Welt »herrschen«. Er soll in der Welt Herrschaft Gottes widerspiegeln und die Art, wie Gott Leben schafft und erhält, in der Welt zur Geltung bringen. Bild Gottes ist der Mensch also, insofern er die Lebensordnung, die Gott geschaffen hat, schützt und bewahrt. Wie aber sieht die »Herrschaft« des Menschen aus? Neigt er nicht dazu, sich alles verfügbar zu machen? Zeigt nicht die ganze Menschheitsgeschichte, wie zerstörerisch der Umgang des Menschen mit dem ihm geschenkten Lebenshaus ist? Und zeigt sich dies nicht schon daran, dass er diesen zerstörerischen Herrschafts- und Verfügungsanspruch in die Übersetzung des biblischen Textes hineingetragen hat? Das mit »herrschen« übersetzte Wort bedeutet jedoch keineswegs unterdrückendes, selbstsüchtiges Herrschen, sondern auch so etwas wie Fürsorge; und die Wendung, die man lange mit »macht sie euch untertan« übersetzt hat, meint keineswegs Unterwerfung und ausbeuterischen Besitz, sondern verpflichtet zum Schutz vor zerstörerischen Mächten.

Die Antwort des biblischen Textes auf diese Spannung zwischen Sollen und Sein des Menschen lautet: Nicht der Mensch ist »die Krone« der Schöpfung, sondern der siebte Tag, der Sabbat. Erst durch den Sabbat und durch den vom Sabbat geprägten Menschen vollendet sich die Schöpfung. Denn erst durch den Sabbat wird der Mensch Bild Gottes, nimmt die Art, wie er in der Welt »herrscht«, an der Herrschaft Gottes Maß. Die Herrschaft Gottes aber ist keine klein machende, selbstsüchtige, ausbeuterische Herrschaft, sondern eine Herrschaft der Freiheit und der Freude am Sein. Erst wenn der Mensch im Rhythmus der sieben Tage immer wieder Abstand gewinnt von den eigenen Absichten und eintritt in die festliche Gelassenheit und Freude des siebten Schöpfungstages, erst wenn er im Rhythmus der sieben Tage seine Welt immer wieder in Gottes Hand zurücklegt und von ihm in ihrer Schönheit neu empfängt, werden Mensch und Welt vor Zerstörung bewahrt, vollendet sich die Schöpfung.

»... und da kommen Sie und wollen den verkaufsoffenen Sonntag einführen!«

Sehr schön kommt all dies in einem Beitrag von Fritz Pleitgen zum Ausdruck, der am 7.11.1999 im Deutschlandradio Berlin gesendet wurde. Er erzählt von einem (Alp-)Traum des für verkaufsoffene Sonntage zuständigen Ministers. Gott selber erscheint ihm, um mit ihm über sein Schöpfungswerk und dessen Vollendung am siebten Tag zu reden:

»Damals teilte ich mit mächtiger Hand Licht und Finsternis, Land und Meer. Tags darauf hing ich Sonne, Mond und Sterne ans Firmament. Ein mächtiges Stück Arbeit, wie Sie sich vielleicht denken können. Es funktionierte erst mit den Kepplerschen Planetengesetzen.« »Was Sie nicht sagen!« sagte der Minister. »An den nächsten Tagen experimentierte ich mit Pflanzen, Vögeln und Fischen, strickte DNS-Spiralen, tüftelte Periodensysteme aus, erfand Kongruenzsätze und die Zahl Pi... –

haben sie eine Ahnung, was es bedeutet, die Zahl Pi zu erfinden?« Der Minister war sich nicht ganz sicher. »Und dann kam der sechste Tag«, fuhr der Alte fort. »Das war der Höhepunkt. In einem Anfall von tollkühner Geselligkeit formte ich den Menschen, damit einer sei, der alles entdecke und betrachte. – Und ich sah, dass es gut war. Alles war sehr, sehr gut. – Es funktionierte reibungslos: Zellen und Organe, Sehnen und Gelenke, Fliehkraft und Gravitation, sogar das Ohm'sche Gesetz und das Planck'sche Wirkungsquantum erwiesen sich als brillante Ideen. Ein kosmisches Patentamt hätte seine helle Freude gehabt. Und ganz nebenbei hatte ich die Sechs-Tage-Woche erfunden. Es war einfach toll!«

»Alle Achtung!« sagte der Minister. Es schien ihm gut, den Fremden bei Laune zu halten. Verstohlen sah er zum Wecker. Es konnte nicht mehr lange dauern. »Und doch.« Theo erhob sich und tat ein paar Schritte. »Alles war gut, aber irgend etwas schien zu fehlen. Alles arbeitete reibungslos und griff perfekt ineinander. Es war glatt und schön und fehlerfrei. Aber es war – wie soll ich sagen – irgendwie langweilig... Man staunte, aber es blieb einem fremd. Es war perfekt, aber nicht vollkommen...« Er blieb am Fenster stehen und sah in den nächtlichen Garten. Die Blätter bewegten sich leise im Wind. »Sophia brachte mich drauf. Frauen haben ein feines Gespür für das Wesentliche.« – Er kehrte zum Bett zurück, zog einen Stuhl heran und setzte sich. Er sah dem Minister voll ins Gesicht. »Am nächsten Tag erschuf ich die Ruhe«, sagte er. »Sagten Sie Ruhe?« fragte der Minister und blickte wie ein Karpfen. »Ja, die Ruhe«, bestätigte Theo und atmete tief, »den Frieden zwischen den Kriegen, die Schwebe zwischen den Atemzügen, den Lidschlag zwischen den Blicken, die Stille zwischen den Worten und das Schweigen in allen Sprachen... – und ich spürte: groß und mächtig war ich an allen vorherigen Tagen, Gott war ich erst am siebten. An ihm erschuf ich das Geheimnis und die Weisheit aller anderen Tage. – Vorher habe ich erfunden und geplant, geformt und gebaut. Vorher war ich ein Gott nach eurem Ebenbild. Am siebten Tag war ich der ganz andere, nicht außer mir, sondern ganz bei mir selbst, und gab euch die Chance, Mensch zu werden, nach meinem Ebenbild.« Er lächelte und fuhr leise fort: »Seit dem siebten gilt nicht das Erwerben son-

dern das Verschenken, nicht das Vernichten, sondern das Bewahren, nicht das Herrschen, sondern das Dienen, nicht das Haben, sondern das Sein, nicht das Ich, sondern das Wir. – Denn jedes Bauen bedeutet Zerstörung. Jedes Handeln greift folgenschwer ein.«

Er schwieg, wohl wissend, dass seine Worte hier nur schwer Eingang fanden. Der da vor ihm lag, war kein Denker. Er war ein Täter, ein Macher... Doch Theo gab noch nicht auf. »Am siebten Tag erschuf ich ... den Umweg und die Freude am Rätsel und Spiel. Seitdem gilt nicht der Rock, um den jemand bittet, sondern der Mantel, den man ihm dazu gibt... Verstehen Sie, der siebte ist der entscheidende Tag. Er ist das Geheimnis, der Sinn und die Weisheit der anderen sechs. – Und da kommen Sie und wollen den verkaufsoffenen Sonntag einführen!« Vorwurfsvoll blickte er sein Gegenüber an. Der fühlte sich ungewöhnlich eingeschüchtert. »Und die Händler«, fragte er zaghaft, »man muss doch an den Umsatz der Händler denken.« »Das meinen immer nur die Händler«, sagte Theo. »Ich denke lieber an die Menschen.« »Die wollen ihn ja auch!« sagte der Minister. »Die Kaufhäuser waren voll. Man geht ja auch hin, um mal richtig was zu erleben«. Der Alte schüttelte verwundert den Kopf. »Die ganze Welt habe ich für euch erschaffen – und ihr braucht ein Kaufhaus, um mal richtig was zu erleben?«...

Der Sabbat zieht Kreise

Wie sehr der Sabbat als Vollzug der Exodusfreiheit und als Vollendung der Schöpfung alle Lebensbereiche prägen will, zeigt die Idee des Sabbatjahres. In Lev 25,3ff heißt es dazu: *»Sechs Jahre sollst du dein Feld besäen, sechs Jahre sollst du deinen Weinberg beschneiden und seinen Ertrag ernten. Aber im siebten Jahr soll das Land eine vollständige Sabbatruhe zur Ehre Jahwes halten: dein Feld sollst du nicht besäen und deinen Weinberg nicht beschneiden...«*

Dieses Gebot des Sabbatjahres wurde in der Geschichte Israels weniger als ein wörtlich umzusetzendes Gebot verstanden; es sollte vielmehr ins

Bewusstein bringen, dass der Sabbat Verfügungsansprüche und Herrschaftsverhältnisse jedweder Art unterbricht. Der Besitzer eines Ackers ist kein absoluter Besitzer. Das Land gehört zuerst sich selbst bzw. Jahwe. Der Besitzer muss es deshalb immer wieder freigeben. Die Idee des Sabbatjahres will das Ausbeuterische in der Beziehung des Menschen zum Land unterbrechen und Raum schaffen für das, was die hebräische Bibel »Schalom« nennt. Und es will dadurch die Lebensverhältnisse so verändern, dass alle Menschen an der Exodusfreiheit teilhaben und Sabbat feiern können. Wie soll denn z.B. ein Arbeitsloser den Tag der Freiheit von Arbeit begehen? Was bedeutet der Sabbat für einen Kranken, ans Bett Gefesselten?

Ganz folgerichtig wird deshalb im Buch Deuteronomium (Dtn 15,1ff) das zunächst als Ackerbrache verstandene Sabbatjahr im sozialen Sinne weiterinterpretiert. Sabbatjahr bedeutet dann Schuldenerlass, Befreiung aus von Schulden verursachten Abhängigkeiten und Teilgabe an den Gütern, die ein Leben in Freiheit ermöglichen. In Dtn 15,12-15 wird deshalb gefordert, im Sabbatjahr Sklaven nicht nur in die Freiheit zu entlassen, sondern ihnen auch das nötige Startkapital mitzugeben. Eine letzte Steigerung erfährt dieses Motiv von Sabbat und Sabbatjahr in der Idee des Jubeljahres (Lev 25,8-12), das in einem Zyklus von 50 Jahren die im Exodus begründete Freiheit und Gleichheit aller wiederherstellt.

Sabbat, das heißt also: selber frei werden und andere frei geben zum Sein. Beide Aspekte gehören zusammen. Wo nur der erste Aspekt gelebt wird, ist der Sabbat nicht ernst genug genommen. Unterliegt fromme Sabbatpraxis aber nicht genau dieser Gefahr? Und ist nicht von hierher die Kritik Jesu an einer bestimmten Sabbatpraxis nachvollziehbar? Heilt Jesus nicht Kranke gerade am Sabbat, weil die Befreiung von unfrei und krank machenden Mächten zum Wesen dieses Tages gehört? Offensichtlich hat Jesus ein tiefes, umfassendes Verständnis vom Sabbat. Sabbat, das ist für ihn wirklich Tag der Freiheit und darin Tag der Vollendung der Schöpfung...

Bibelarbeit

1. Auf den Bibeltext zugehen →•

Karikaturen über unsere Sonntagspraxis (z.B. aus der CD-ROM »Illupool«, hg. von »WerbeDienst, Löwensteiner Cartoon Service und CS-Media«, 1999) werden im Raum ausgelegt. Die Teilnehmer/innen (TN) schauen sich die Karikaturen an und tauschen sich darüber aus.
Alternative:
1. Der oben zitierte Text von E.*Nordhofen*, der das Befreiende des sabbatlichen Sonntags stimmungsmäßig wiedergibt, wird vorgelesen.
2. Die TN lesen den Text noch einmal einzeln für sich und unterstreichen einen für sie wichtigen Satz(teil). Diese werden im Plenum kommentarlos vorgetragen. Wiederholungen sind möglich; sie verstärken den Eindruck des Textes.
3. Austausch über die ausgelösten Eindrücke, Gefühle, Erinnerungen...

2. Dem Bibeltext begegnen →←

1. *Inhalt und Ziel des Sabbatgebotes nach Ex 20,8-10 und Dtn 5,12-14:*
Zweiergespräch und Austausch in der Gesamtgruppe zu den Fragen:
   - Wer ist der Adressat des Gebotes?
   - Was soll der Adressat tun bzw. nicht tun? Worauf soll er achten?
   - Wie wird das Sabbatgebot in Ex 20,11 und in Dtn 5,15 begründet?
   - Was ist das eigentliche Ziel des Sabbatgebotes? Was bedeutet die jeweilige Begründung für das Gesamtverständnis des Sabbats?
2. *Das Sabbatgebot in Ex 20,11 und das Schöpfungsgedicht Gen 1f:*
   Nicht der Mensch, sondern der Sabbat ist die Krone der Schöpfung.

Die TN lesen Gen 1,26.28 (Erschaffung des Menschen als Bild Gottes und damit verbundener Herrschaftsauftrag) sowie Gen 2,2f (Vollendung der Schöpfung am 7. Tag).
Sie erhalten zum besseren Verstehen vom Leiter Zusatzinformationen über die beiden Motive »Bild Gottes« und »herrschen«.
Austausch über die Frage: Was bedeutet es, dass nicht der Mensch als Bild Gottes »Krone« der Schöpfung ist, sondern der Sabbat?

3. Mit dem Bibeltext weitergehen

1. Der Text von *Fritz Pleitgen* (s.o.) – ein Plädoyer gegen Funktionalisierung und Abschaffung des Sonntags – wird vorgelesen.
2. Im Anschluss an den Text überlegen sich die TN:

- wie sie in ihrer privaten Welt eine Kultur des Sonntags entwickeln können (z.B. Rituale, die helfen, diesen Tag zu feiern...; Verzicht auf Konsum, Mobilität, private Arbeit...; Zeit für...);
- welche Möglichkeiten sie haben, der Funktionalisierung und Abschaffung des Sonntags im öffentlichen Leben gegenzusteuern.

„Wenn wir sonntags nicht arbeiten, machen die Japaner das Rennen!"

Die Alten haben sich lange
vor den Karren gespannt. Jetzt
will ihr Karren gezogen sein.

Die Alten haben einen anderen
Gang: langsamer und mit Bedacht.
Vielleicht aber allen zugute.

Die Alten sind mitnichten veraltet.
Auch in der Schwäche macht manche
Betagten ihre Erfahrung stark.

Die Alten behaupten einen eigenen Kopf.
Die von ihnen entfaltete Altenkultur
will auch von den Jungen bedacht sein.

Ehre deinen Vater und deine Mutter, wie der Ewige dein Gott dir geboten,
damit deine Tage lang werden und damit es dir wohlergehe
in dem Lande, das der Ewige dein Gott dir gibt. (Zunz)

Du sollst deinen Vater und deine Mutter ehren. So hat der Herr, dein Gott es dir befohlen;
und wenn du das tust, wirst du lange leben, und es wird dir gutgehen
in dem Land, das der Herr, dein Gott, dir gibt. (Gute Nachricht Bibel)

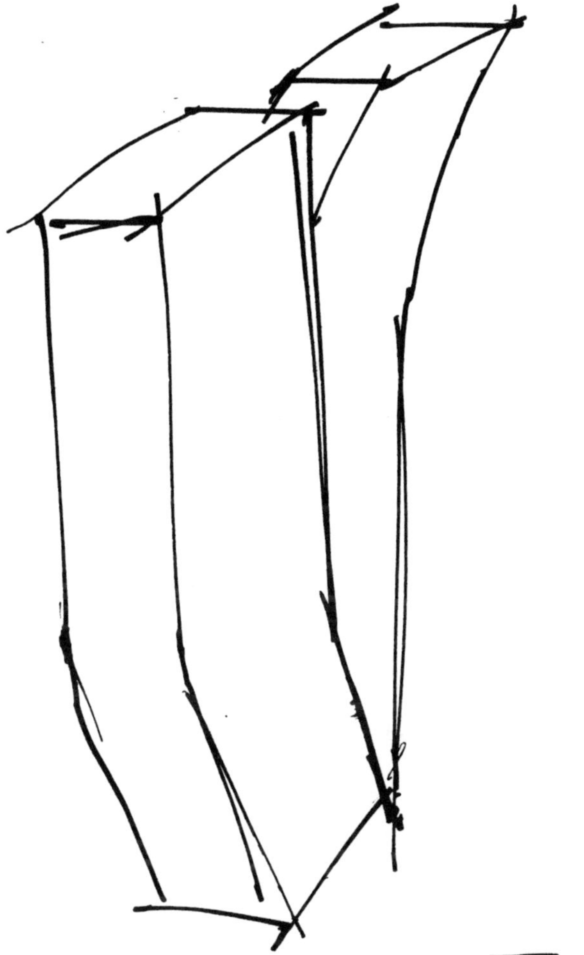

Marlies Mittler-Holzem

Ehre Vater und Mutter

Eine Art antiker Sozialversicherung?

Israel, 8. Jahrhundert vor Christus, ein Bauer berichtet: »*Ich weiß nicht mehr weiter! Die letzte Ernte ist verdorrt – es hat zu wenig geregnet. Unsere Tiere haben wir schon verkauft, weil wir kein Futter mehr für sie haben. Auch die Knechte und Mägde mussten gehen, weil ich nicht wusste, wie ich sie satt kriegen soll. Doch, was ich auch tue, es reicht nicht, um bis zur nächsten Ernte zu überleben. Schon jetzt hat meine Frau keine Milch mehr für die beiden Kleinen. Der Nachbarbauer hat schon lange ein Auge auf meine älteste Tochter geworfen und zweideutig lächelnd angeboten, sie als Schuldsklavin zu kaufen. Mir graut bei dem Gedanken… Wenn wenigstens meine Eltern nicht auch noch versorgt werden müssten. Sie sind alt und krank, und wir schleppen sie schon lange mit durch. Zum Lebensunterhalt tragen sie seit Jahren nichts mehr bei. Aber essen wollen sie. Wäre es nicht besser, sie vom Hof zu jagen, damit die Kinder überleben können? Müssen die Alten nicht Platz machen für die Jungen, wenn es nicht für alle reicht?*«

Die Bedeutung des Gebotes in seiner Zeit

Diese Szene macht deutlich, wer und was gemeint ist, wenn es um das »Ehren von Vater und Mutter« geht. Es geht im vierten Gebot nicht um Wohlverhalten oder einfachhin Respekt von Kindern und Jugendlichen ihren Eltern gegenüber – wie Generationen aus dem Katechismus lernen mussten. Es geht vielmehr darum, Verpflichtungen zwischen Erwachsenen zu regeln: Die Großfamilie oder besser die Sippe war ein Verband, der die soziale und wirtschaftliche Absicherung seiner Mitglieder regelte. Alle, vom Kind angefangen, beteiligten sich gemäß ihren Möglichkeiten an der Sicherung des Lebensunterhalts. Da die Geldwirtschaft für die breite Bevölkerung wenig Bedeutung hatte, konnten keine langfristigen Rücklagen gebildet werden. Versicherungen gab es nicht. Für Krankheit, Tod, Arbeitsausfall gab es genau geregelte Zuständigkeiten innerhalb dieses Familienverbandes. Auch die Versorgung der alten Eltern, die nicht mehr durch eigene Arbeit zum Lebensunterhalt beitragen konnten, bedurfte einer genauen Regelung und die ist im vierten Gebot angesprochen.

Das Gebot – ein erster Blick

Durch Texte aus der Umgebung Israels, aber auch durch einige andere Bibelstellen (Lev 19,3; Mal 1,6; Sir 3,1-16; 7,26f u.ö.) wissen wir, welche Bereiche durch den Satz »Ehre deinen Vater und deine Mutter« genauer gemeint sind: stetige Versorgung mit Kleidung und Nahrung, würdiges Begräbnis, respektvoller Umgang, Verzicht auf Prozesse, Verteidigung gegen Fremde, Hilfeleistungen wie etwa Reparaturarbeiten. Es geht also um eine Art »Rentenversicherung«, die durch die erwachsenen Söhne, die Vollbürger, gewährleistet werden musste, *»damit du lange lebst in dem Land, das Jahwe, dein Gott, dir gibt«* (Ex 20,12).

Das Gebot der Elternehre ist zweimal hineingestellt in den Weg Israels aus Ägypten in die Freiheit (Ex 20,12; Dtn 5,16). Diese Freiheit ist – nach Aussage der biblischen Texte – ein Geschenk Jahwes. Wer diese Freiheit geschenkt bekommen hat, ist aufgerufen, sie zu erhalten – für sich und für die anderen Befreiten. Das »Gelobte Land« ist also nicht eine Art Paradies oder Schlaraffenland; es ist die von Jahwe geschenkte Möglichkeit, dort als Volk ein Leben in Freiheit zu führen. Die Eltern zu ehren, ihnen das Lebensnotwendige zukommen zu lassen, wenn sie es nicht mehr selbst erwirtschaften können, bedeutet, ihre von Jahwe geschenkte Freiheit anzuerkennen. Es ist also kein Almosen, sondern Ausdruck der Solidarität der Befreiten. Insofern ist die eigene Freiheit in Gefahr, wenn den Eltern ihre Ehre – und was sie beinhaltet – abgesprochen oder verweigert wird.

... und heute?

Unsere Eltern, unsere alten Menschen – hier in Deutschland – leben in ganz anderen sozialen Zusammenhängen: Das Sozialsystem »Familie« trägt uns heute nur ein Stück unseres Weges und dient vor allem als Schutzraum für Kinder. Durch ein vielfältiges Sozialversicherungssystem gibt es keine wirtschaftliche Notwendigkeit, dass erwachsene Kinder mit ihren Eltern zusammenwohnen. Auch die Bedeutung der Familie als gemeinsam wirtschaftender Betrieb nimmt immer weiter ab. Erwachsene Kinder leben beruflich und privat unabhängig von ihren Eltern. Und die Eltern erhalten sich ihre Unabhängigkeit im Alter durch eine selbst erwirtschaftete Altersvorsorge. Lebenserwartung und Gesundheitszustand haben sich enorm verbessert. Immer mehr Menschen werden sehr alt und bleiben dabei lange gesund oder ihre Krankheiten können so behandelt werden, dass sie die Lebensqualität nur wenig beeinträchtigen. So zeigt uns die Werbung Bilder von »jungen Alten«, die relativ gesund ein sorgenfreies Leben führen, die viel reisen, die sich bilden, die in großer Unabhängigkeit leben. »Ehre deinen Vater und deine Mutter« – doch eher ein Relikt aus vergangener Zeit!?

Jenseits materieller Versorgung – ein zweiter Blick auf den Bibeltext

»Ehren« sowohl bei Ex und Dtn, als auch »Fürchten« in Lev sind Wörter, deren Bedeutung sich in der oben angesprochenen materiellen Versorgung nicht erschöpft. Beide Wörter kommen im Ersten Testament häufig im

Zusammenhang mit Gott vor und beschreiben ein Verhalten, das ein deutliches Beziehungsgefälle, ein »Oben und Unten«, anerkennt. Was das Ehren der Eltern dann jenseits der materiellen Versorgung meint, macht ein Text aus dem Buch Jesus Sirach (Sir 3,1-16) deutlich:

»Hört, ihr Söhne, was das Recht des Vaters ist, und handelt danach, damit es euch gut geht. Denn der Herr hat den Kindern befohlen, ihren Vater zu ehren, und die Söhne verpflichtet, das Recht der Mutter zu achten.

Wer den Vater ehrt, erlangt Verzeihung der Sünden, und wer seine Mutter achtet, gleicht einem Menschen, der Schätze sammelt. Wer den Vater ehrt, wird Freude haben an den eigenen Kindern, und wenn er betet, wird er Erhörung finden. Wer den Vater achtet, wird lange leben, und wer seiner Mutter Ehre erweist, der erweist sie dem Herrn. Wer den Herrn fürchtet, ehrt seinen Vater und dient seinen Eltern wie Vorgesetzten.

Mein Sohn, ehre deinen Vater in Wort und Tat, damit aller Segen über dich kommt. Der Segen des Vaters festigt die Wurzel, doch der Fluch der Mutter reißt die junge Pflanze aus. Such deinen Ruhm nicht darin, den Vater herabzusetzen, denn das ist keine Ehre für dich. Die Ehre eines Menschen ist die seines Vaters; wer seine Mutter verachtet, sündigt schwer. Mein Sohn, wenn dein Vater alt ist, nimm dich seiner an und betrübe ihn nicht, solange er lebt. Wenn sein Verstand abnimmt, sieh es ihm nach und beschäme ihn nicht in deiner Vollkraft! Denn die Liebe zum Vater wird nicht vergessen, sie wird als Sühne für deine Sünden eingetragen. Zur Zeit der Bedrängnis wird sie dir vergolten werden; sie lässt deine Sünden schmelzen wie Wärme den Reif. Wie ein Gotteslästerer handelt, wer seinen Vater im Stich lässt, und von Gott ist verflucht, wer seine Mutter kränkt.«

Dieser Text wird in der Forschung als Erläuterung des Elterngebotes aufgefasst und seine Entstehung im Umfeld unterrichtlicher Unterweisung angenommen. Er wäre dann ein Lehrtext, der Schüler (damals ausschließlich Jungen) auf ihre sozialen Pflichten den Eltern gegenüber vorbereitet. Für den Verfasser bedeuten »Achtung« und »Ehre« der Eltern: den Eltern dienen wie Vorgesetzten; sie nicht herabsetzen; sie nicht verachten; sich der alten Eltern annehmen; ihnen nachsehen, wenn ihr Verstand nachlässt; sie nicht beschämen; sie nicht im Stich lassen; die Eltern nicht kränken.

Der Text brandmarkt also zwischenmenschliche Verhaltensweisen, wie sie wohl zu jeder Zeit zwischen den Generationen herrschen. Die Folgen von Achtung und Verachtung werden auf zwei Ebenen beschrieben.

Zum ersten auf der menschlichen Ebene: Mit den Worten »damit es euch gut geht« und »das ist keine Ehre für dich« macht der Text klar, dass kein Ansehen genießt, wer mit den Eltern im Dauerstreit lebt. Außerdem »pflanzt« sich verachtendes Verhalten »fort«: Kinder, die gesehen haben, dass ihre Eltern die Großeltern misshandeln und herabsetzen, lernen, dass sie mit ihren Eltern genauso verfahren können, weil nichts mehr gilt, wer nichts mehr bringt. Und umgekehrt: Wer die Eltern achtet, wird Freude haben an den eigenen Kindern, wird von ihnen geachtet werden.

Zum zweiten betont dieser Text die Verbindung des menschlichen Verhaltens mit der Ebene Gottes, wenn der Ehre der Eltern Segen und dem entgegengesetzten Verhalten Fluch zukommt. Es wird die biblische Grundüberzeugung verkündet, dass dieses ethisch richtige Tun kultische Bedeutung hat: »Wer den Vater ehrt, erlangt Verzeihung der Sünden«.

Warum aber den Eltern dieses Maß an Zuwendung zukommt, macht das Buch Jesus Sirach an anderer Stelle deutlich, und dieser Grund hat nichts von seiner Plausibilität verloren: »*Ehre deinen Vater von ganzem Herzen, vergiss niemals die Schmerzen deiner Mutter! Denk daran, dass sie dir das Leben gaben. Wie kannst du ihnen vergelten, was sie für dich taten?*« (Sir 7,27; vgl. Tob 4,3f)

Eltern ehren – zeitgenössisch

Der Theologe und Psychotherapeut *Bert Hellinger* räumt der Ehrung der Eltern eine große Bedeutung für das Gelingen des eigenen Lebens ein. Seine Gedanken sollen als eine aktuelle Auslegung des obigen Textes kurz dargestellt werden: Wer die Eltern ehrt, erkennt an, dass es menschliches Leben nur in Abhängigkeit, in Beziehung gibt, dass jeder Mensch im Strom des Lebens steht und nicht aus sich selbst heraus existieren kann. Die Eltern schenken den Kindern etwas Einzigartiges, was nur sie schenken können – das Leben. Sie schenken etwas von sich, wodurch gleichzeitig ein Neues entsteht. Diese große Gabe steht am Anfang jeden Lebens, unabhängig davon, ob Eltern »gute Eltern« sind oder überhaupt »gute Menschen«. Das Geschenk und die Geber sind nicht austauschbar und begründen so ein einzigartiges Verhältnis zwischen Eltern und ihren Kindern.

Soziale Beziehungen sind auf Ausgleich bedacht und so ist es das Bedürfnis von Beschenkten, etwas zurückzuschenken. In Beziehungen, in denen der Ausgleich funktioniert, wo das Maß des Nehmens dem Maß des Gebens entspricht, fühlen wir uns wohl. Kinder können ihren Eltern aber nichts Gleichwertiges zurückgeben. So bleibt in vielen Eltern-Kind-Beziehungen, selbst wenn die Kinder erwachsen sind, ein Gefälle, ein Unterlegenheitsgefühl auf Seiten der Kinder, ein Gefühl von »klein« gegenüber »groß« und in den alltäglichen Kontakten die Mischung von einem unguten Gefühl des Gebundenseins bei gleichzeitiger innerer Distanz.

Wo der Ausgleich nicht möglich ist, schlägt Bert Hellinger das Danken als eine angemessene Form des Nehmens ohne Ausgleich vor. Dieses Danken ist nicht ein einmaliges Danke-Sagen, sondern eine Haltung der Dankbarkeit, die das Tun – wo es denn möglich ist – nicht ersetzt. Der Dank bezieht sich zuerst einmal auf das Geschenk des Lebens. Für diese Gabe des Lebens zu danken, bedeutet anzuerkennen, dass schon das Leben selbst eine ausreichende Gabe ist. Eine Anspruchshaltung kann so abgelöst werden durch eine Haltung der Dankbarkeit. Wo das gelingt, wird das gegenseitige Loslassen von erwachsenen Kindern und Eltern möglich, und gleichzeitig wird die Verbundenheit vertieft.

Das Loslassen durch die Eltern wird erleichtert durch die Zusage der erwachsenen Kinder, für ihre Eltern zu sorgen, wenn es nötig wird. Das erscheint in Zeiten großer Mobilität und Unabhängigkeit häufig als unlösbare Aufgabe und als unmögliche Verpflichtung. Für die alten Eltern sorgen, kann deshalb nicht heißen, allen Ansprüchen (der Eltern, der Gesellschaft) zu genügen, sondern das zu tun oder in die Wege zu leiten, was unter den gegebenen Umständen das Richtige ist. Auf diesem Hintergrund erscheint das Elterngebot des Dekalogs sehr aktuell. Wo Freiheit nicht als Unabhängigkeit verstanden wird, sondern als von Jahwe geschenktes Lebensrecht aller, bildet Verpflichtung keinen Gegensatz zur Freiheit. Diese Freiheit, die Freiheit des Exodus-Gottes, ist kein hehres Gefühl. Sie realisiert sich, indem sie getan wird in der Gemeinschaft freier Menschen.

Eltern ehren – politisch

Da das Elterngebot nicht überholt ist, müsste das »Ehren der Eltern« auch ein Ziel der Politik sein. In Deutschland müsste also endlich ein finanzieller Ausgleich geschaffen werden zwischen Eltern und Kinderlosen. Dieser Ausgleich dient nicht zur Bestrafung oder Bewertung von Kinderlosigkeit; genausowenig wie eine Krankenversicherung Gesunde bestraft und Kranke belohnt. Es geht allein um einen materiellen Ausgleich der bestehenden Ungerechtigkeit im Generationenvertrag (die jetzt Arbeitenden zahlen die Rente der jetzigen RentnerInnen; es bildet niemand eine eigene Rücklage): Eltern haben – wegen mangelnder Kinderbetreuungsmöglichkeiten und/oder mangelnder finanzieller Anerkennung der Erziehungsarbeit – weniger Einkommen und dadurch auch weniger Rente. So sind Eltern auch heute oft die Benachteiligten und zwar interessanterweise des Solidarsystems, das das familiäre Solidarsystem abgelöst hat, weil es sich als unzureichend herausgestellt hatte.

Bibelarbeit

zu Sir 3,1-16 als Ausfaltung des Elterngebotes im Dekalog

Gestaltung einer Mitte: Blaue Tücher, darauf eine große Schale mit Wasser; um die Schüssel herum liegen Fotos von alten Menschen und/oder von Eltern mit ihren erwachsenen (!) Kindern. Es sollten Fotos aus unterschiedlichen Lebenssituationen sein, nicht nur »schöne«.

1. Auf den Bibeltext zugehen

Vorbereitet sind kleine Zettel, auf denen jeweils ein wichtiges Wort aus dem Bibeltext steht: z.B. Achtung, ehren, dienen, Ruhm, herabsetzen, verachten, betrüben, beschämen, im Stich lassen...
Jede/r Teilnehmer/in (TN)bekommt ein Kärtchen und soll in einer ersten Runde das Wort vorlesen und dazu einen Satz, ein Wort sagen, das ihr oder ihm spontan einfällt. Die Assoziationen werden von den anderen schweigend angehört und nicht kommentiert.

2. Dem Bibeltext begegnen

1. Der/die Leiter/in (L) liest den Text Sirach 3,1-16 langsam vor.
2. Zu einer ruhigen Musik werden die TN eingeladen, umhergehend die Portraits anzuschauen.
3. Danach wird der Text noch einmal vorgelesen.
4. Erst jetzt werden Textzettel ausgeteilt und die TN lesen den Text noch einmal für sich.
5. Gruppenarbeit: L lädt ein, nach den im Text vorkommenden Rollen vier Gruppen zu bilden: (alte) Väter; (alte) Mütter, erwachsene Söhne,

erwachsene Töchter. Das wird umso interessanter, je mehr TN nicht einfach in die Gruppe der Rolle gehen, die sie im Alltag sowieso innehaben. Wer also z.B. im wirklichen Leben ein alter Vater ist, könnte in die Gruppe »erwachsene Töchter« gehen (alternativ kann L Zettel vorbereiten, auf denen eine »Rolle« steht und die TN Zettel ziehen lassen).
Die Gruppen arbeiten zu folgenden Fragen:

- Welche Textstelle berührt mich in meiner Rolle als alte Mutter/alter Vater/erwachsene Tochter/erwachsener Sohn besonders...
- Vater und Mutter ehren, bedeutet für mich als alte Mutter/alter Vater/erwachsene Tochter/erwachsener Sohn...

  (die Ergebnisse werden auf einem großen Plakat gesammelt)

6. Plenum: Die vier Gruppen berichten von ihren Ergebnissen.

3. Mit dem Bibeltext weitergehen •→

Das Thema »Eltern« ist ein emotional stark besetztes Thema. L lädt ein, auf roten Kärtchen (Rosen-Form) einen Dank an die eigenen Eltern zu formulieren. Wer das nicht kann, kann auf graue Kärtchen (Stein-Form) das schreiben, was das Eltern-Verhältnis schwer und belastet sein lässt. Diese Gedanken bleiben bei den TN. (L kann die TN abschließend dazu anregen, den Eltern den jetzt empfundenen Dank mitzuteilen.)
Abschluss: Alle legen eine Hand in die Wasserschale und der/die Leiter/in spricht folgendes Gebet:

Gott, meine Eltern haben mich in den Lebensstrom eintauchen lassen, so wie ich jetzt meine Hand in dieses Wasser tauche.
Heute kann ich dafür danken, dass meine Eltern, mein Vater und meine Mutter, mir das Leben geschenkt haben, dass sie mir ein Stück von sich und ihrem Leben abgeben haben. Hilf mir, diese Gabe zu ehren, indem ich die Geber ehre. Amen.

Alternative für eine Frauengruppe

Da der Text Sirach 3,1-16 eher männerzentriert ist, kann es für eine Frauengruppe sinnvoll sein, die Bedeutung des Elterngebotes anhand eines außerbiblischen Textes zu erarbeiten. Die einzelnen Schritte können sinngemäß angewendet werden:

Gib deiner Mutter doppelt so viel Nahrung, wie sie dir gegeben hat,
trage sie, wie sie dich getragen hat.
Sie hatte eine schwere Last an dir, aber sie sagte nicht: »Fort mit dir.«
Als du nach deinen Monaten geboren wurdest,
da warst du immer noch an sie gebunden.
Drei Jahre lang war ihre Brust in deinem Munde.
Als du dann größer wurdest und deine Exkremente ekelhaft,
da ekelte sie sich nicht und sagte: »Was soll ich bloß machen?«
Als sie dich dann in die Schule gab, damit du schreiben lerntest,
da war sie täglich da und passte auf dich auf,
mit Brot und Bier aus ihrem Hause.
Heirate, solange du jung bist, und wenn du dein Haus gegründet hast,
so halte dein Auge auf deinen Nachwuchs,
zieh ihn groß, wie (dich) deine Mutter großgezogen hat.
Gib ihr keinen Anlass, dich zu tadeln,
dass sie etwa ihre Arme (anklagend) zu dem Gott erhebt
und er ihr Rufen erhört.

(Lehre des Ani, Mitte 2. Jahrtausend v. Chr., übersetzt von Hellmut Brunner)

Literatur

Neues Bibel-Lexikon, hg. von M. Görg und B. Lang, Benziger 1988f, Stichwort »Eltern«

R. Bohlen, Die Ehrung der Eltern bei Ben Sira (Trierer Theologische Studien 51), Trier 1991

G. Weber, Zweierlei Glück. Die systemische Psychotherapie Bert Hellingers, Heidelberg ^{7}1995

Kaum eine Zeit
quoll so über
von Mord.

Gar keine Zeit
scheint so
mordverschworen.

Erschüttert
erklingt das Wort
des Gebots.

Es fordert
den Aufstand
wider den Mord.

Morde nicht. (Buber)

Du sollst nicht töten. (Luther)

Du sollst nicht morden. (Gute Nachricht Bibel)

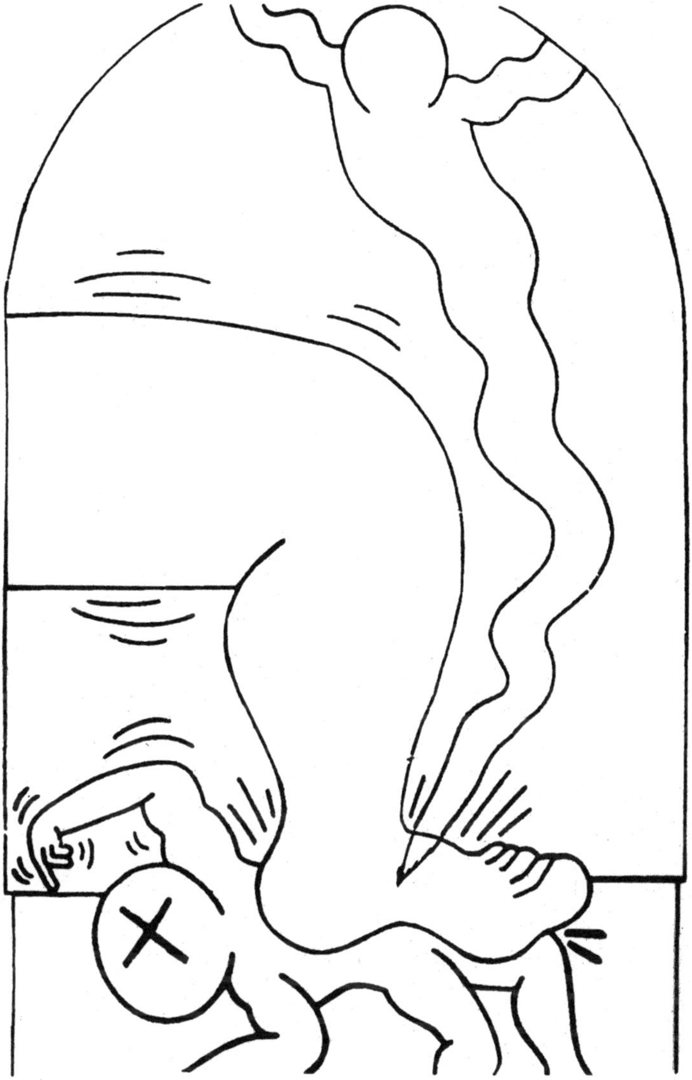

Dietmar Mieth

Du sollst nicht morden

Menschenachtung und Schutz des Lebens

Das fünfte Gebot gehört – sowohl in Ex 20,13 als auch in Dtn 5,17 – zu den überaus knappen und apodiktischen Formulierungen. Die Übersetzung muss vom Verbot des »Mordens« reden und nicht vom Verbot des »Tötens«. Denn Töten war im israelitischen Ethos in bestimmten Fällen erlaubt, sei es in der Todesstrafe, wenn jemand die Gegenseitigkeit des Lebensrechtes als Mörder verletzt hatte, sei es in der Notwehr oder im Krieg.

Es ist also der Mord, gegen den sich dieses zentrale Stück der Zehn Gebote vorbehaltlos ausspricht. Damit ist zweierlei festgehalten: zum einen, dass es sich im Leben des menschlichen Lebewesens um ein fundamentales *Gut* der Sittlichkeit und des Rechtes handelt; zum anderen, dass es sich beim Morden um ein Töten ohne *Rechtfertigungsgrund* handelt. Ein solches Töten bietet nämlich allen möglichen, willkürlichen und somit bereits verwerflichen Motiven Einlass, mit dem Leben des anderen anders als schonend und erhaltend umzugehen. *»Du kannst nicht zulassen«*, sagt Joseph in Thomas Manns großem Roman »Joseph und seine Brüder« dem romantischen Religionsreformer auf dem Pharaothron, *»dass es zugehe nach den Köpfen der Mordbrenner«*. Damit wird auch die notwendige Widerstandshaltung gegen das Morden im Interesse des Gemeinwohls und im Interesse der individuellen Lebenserhaltung deutlich.

Bleiben wir bei *Thomas Mann*, der zu denen gehörte, die Hitlers Kampf gegen die Zehn Gebote – heute würden wir sagen: gegen die Menschenrechte – widerstanden. In seiner Erzählung »Das Gesetz« von 1943 hat er das Mordverbot als Tötungsverbot behandelt und – einem Aufsatz von *Sigmund Freud* über den »Mann Mose« folgend – die Entstehung dieses Tötungsverbotes in die innere Psychologie eines Menschen verlegt:

»Er (Mose) tötete früh im Auflodern, darum wusste er besser als jeder Unerfahrene, dass Töten zwar köstlich, aber getötet zu haben höchst grässlich ist, und dass du nicht töten sollst.« Thomas Mann hat hier eine andere Perspektive gewählt als üblich. Er steigt mit Freud in das Innere des Täters ein und lässt das Mordverbot aus der Gewissenserfahrung erwachsen, genauer aus der Erfahrung des negativen Gewissens, das anderen erspart werden soll.

Wie ist das Mordverbot begründet?

Zwischen einer Erklärung, wie eine Einsicht in die »Untat« vielleicht erfolgt sein könnte – nämlich aus dem Entsetzen des Menschen über sich selbst und über das Grauen, das er verbreiten kann – und einer Begründung, warum eine Handlung verboten sein sollte, liegt freilich jener Unterschied, der zwischen Psychologie und Moral besteht. Nicht, *wie* ich zu einer Einsicht gelangt bin, sondern *warum* die Untat falsch ist, ist die ethische Frage. In der Bibel lautet die Antwort: das Gut des Lebens, das Gott geschenkt hat, indem er dem Menschen gleichsam persönlich den Atem gab und indem er ihm sein Bild einprägte, ist so grundlegend für jedes zwischenmenschliche Verhalten, dass es nur dann eingeschränkt werden kann, wenn es mit sich selbst in Widerstreit gerät. So spitzt sich im Laufe der Geschichte alles auf den Ausnahmegrund »Notwehr« zu, und wo z.B. der Staat in seiner Abwehr der Untat keine »Not« mehr hat in seiner »Wehr«, da ist die Todesstrafe ethisch nicht zu rechtfertigen.

Thomas Mann hat es etwas anders ausgedrückt: *»Mache überhaupt nicht den dummdreisten Unterschied zwischen dir und den anderen, dass du denkst, du allein bist wirklich und auf dich kommt's an, der andere aber ist nur ein Schein.*

Ihr habt das Leben gemeinsam, und es ist nur ein Zufall, dass du nicht er bist. Darum liebe nicht dich allein, sondern liebe ihn gleicherweise und tue mit ihm, wie du wünschen würdest, dass er mit dir täte, wenn er du wäre.«

Was hier herangezogen wird, ist die so genannte Goldene Regel. In ihr ist die Erfahrung gespeichert, dass ich in die Rolle des anderen geraten kann. So wird im Ersten Testament immer wieder darauf aufmerksam gemacht, dass Israel selbst ein Fremdling war, dass es aus dieser Erfahrung weiß, wie Fremden zumute ist, und deshalb den Fremden gut sein soll. Das Gedächtnis des Rollentausches kann in der Moralphilosophie auch als Konstruktion auftreten: ich konstruiere einen Urzustand, in welchem die Menschen eine Verfassung entwerfen, ohne von sich zu wissen, wer sie sein werden. Dieser »Schleier des Nichtwissens« *(John Rawls)* verbündet sich mit dem Gedächtnis an die zerstörerische Ungleichheit zwischen den Menschen. Wissen und Nichtwissen, wer wir sind, geben die Begründung dafür, dass wir uns allen gleiche Rechte zugestehen.

In der Goldenen Regel steckt eine Erfahrung, die zu einer »Hermeneutik der Furcht« *(Hans Jonas)* führt: ebenso könnte es unter veränderten Umständen auch mich treffen. Diese Hermeneutik der Furcht ist in der Bibel durch die »Gottesfurcht« verstärkt worden. Nach dem ersten Johannesbrief (1 Joh 4) handeln wir jedoch nicht mehr aus der Furcht Gottes, sondern aus seiner Liebe. Schon Augustinus hat dazu gesagt: wir fürchten uns nicht mehr »vor« Gott, sondern wir fürchten »um« Gott, dass er uns verloren gehen könnte, und dass damit auch der Sinn aller Moral verloren ginge.

Deutung des Gebots in der Bergpredigt

»Du sollst nicht morden« – Jesus von Nazaret greift als Gesetzgeber des Neuen Bundes, als der er in den Evangelien neben Mose gestellt wird, die resolute Entfaltung dieses Gebotes zu einem Ethos der Nächstenliebe heraus, die er mit einigen Schulen der jüdischen Gesetzesauslegung seiner Zeit teilte. In der Bergpredigt sind seine Worte so bei Matthäus überliefert:

»*Ihr habt gehört, dass zu den Alten gesagt worden ist: Du sollst nicht morden; wer aber mordet, der soll dem Gerichte verfallen sein. Ich aber sage euch: Jeder, der seinem Bruder zürnt, der wird des Gerichtes schuldig sein. Wer aber zu seinem Bruder sagt: du Dummkopf, der wird dem Hohen Rate verfallen sein. Wer jedoch sagt: Du (gottloser) Narr, der wird dem höllischen Feuer verfallen sein*« (Mt 5,21f). Darüber hinaus schließt Jesus die Wiedervergeltung aus und propagiert die Versöhnlichkeit mit dem hassenden Gegner (Mt 5,38-48).

Wenn Jesus also wie der neue Mose auf dem Berg und aus der Wolke göttlicher Weisheit redet, dann wird die Menschenachtung insgesamt zum Thema. Es geht nicht isoliert um das Leben als ein fundamentales Gut, sondern darüber hinaus um die Zuerkennung von Achtung, welche sich nicht vom Verhalten des anderen blockieren oder einengen lässt. Der andere ist im Herzen bereits eingeschlossen, bevor er an seinen Handlungen gemessen wird. Unser Verhalten zu anderen Menschen – und er meint alle Menschen, nicht bloß die Brüder – ist keine Antwort auf deren Verhalten, sondern eine Antwort auf unsere eigene religiöse Identität, die den anderen von vornherein mit einschließt, so wie wir von Gott mit eingeschlossen sind: aus dieser Erfahrung des Geliebtseins geht die Liebe hervor. Hier wird das Ethos der Gegenseitigkeit unterfangen von einem bereits vorausgehenden Ethos des Anhangens und der mich selbst erst konstituierenden Beziehung. Den anderen sehen, wie er ist, ist ein Gebot der Klugheit; den anderen aus der Liebe entgegenzukommen, ist ein Gebot der »Einfalt« oder, wie Jesus auch sagt, der Zielgestalt unseres vollkommenen Wesens.

So führt das »Nicht-Morden« weit über Tötungsdelikte hinaus in ein Menschenbild, das sich für die »großen« christlichen Ethiken des Friedens, der neuen Gemeinschaft, der Ehrfurcht vor dem Leben, der Mitgeschöpflichkeit, des demütigen Dienstes öffnet. Die »große« Ethik, die im Liebesgebot zusammengefasst ist, das wiederum die Goldene Regel in sich begreift, erspart uns aber nicht die »kleinen« Notwehrethiken, die vom Christentum nicht verworfen worden sind.

Die Rede des Stephanus – Mord aus Notwehr?

Als ein Beispiel dafür mag die Rede des Diakons Stephanus gelten, die dieser vor seiner Steinigung über Jesus als den neuen Mose vor dem Hohen Rat gehalten hat. Dies ist eine der großen Reden, die Lukas in der Apostelgeschichte überliefert hat. Ja, Thomas Manns Psychologisierung der Untat-Erfahrung im Gewissen des Mörders mag eher für den jungen Saulus zutreffen, zu dessen Füßen die Menschen, die zur Steinigung antraten, ihre Kleider niederlegten: eine Statue jener, die in der Haltung passiv bleiben, aber in ihrer Passivität die Gewalt ermöglichen.

Die »Schuld« des Stephanus bestand in den Augen seiner Ankläger – Juden aus den Synagogen in Ägypten, Kleinasien und Asien – darin, dass er gegen »Mose und Gott lästerte« (Apg 6,11). In der Tat: Stephanus parallelisiert entschlossen Mose und Jesus, sowohl im Hinblick auf ihre Vollmacht und Sendung als auch im Hinblick auf ihr Schicksal der Ablehnung: *»Welchen der Propheten«*, fragt Stephanus, *»haben eure Väter nicht verfolgt? Sie haben die getötet, die die Ankunft des Gerechten geweissagt haben, dessen Verräter und Mörder ihr geworden seid«* (Apg 7,52).

Innerhalb der Neuerzählung der Geschichte Gottes mit Israel, die Stephanus vornimmt, erhält die Mosegeschichte, und damit die Gesetzesgeschichte, einen besonderen Rang. Nun ist Mose für die Juden, vor allem als Inbegriff ihrer Gesetze und Bräuche – und vor allem in der Fremde –, der bindende Zusammenhalt, der unerschütterliche Bezugspunkt. Es ist in der herausfordernden Predigt des Stephanus von Jesus gar nicht die Rede, wohl aber von der Art, wie Stephanus diesen Mose als einzige Voraussage Jesu sieht. Und in diesen Zusammenhang stellt er auch die Geschichte von dem ägyptischen Frondienst-Aufseher, den Mose tötete, als dieser einen Hebräer mit dem Stock schlug. »*Und als er sah, wie einem von ihnen Unrecht geschah, kam er dem Unterdrückten zu Hilfe und rächte ihn, indem er den Ägypter erschlug. Er dachte, seine Brüder würden begreifen, dass Gott ihnen durch seine Hand Rettung bringen wolle; doch sie begriffen es nicht. Am folgenden Tag kam er dazu, wie sie sich stritten; er versuchte, sie auszusöhnen und Frieden zu stiften, und sagte: Männer, ihr seid doch Brüder. Warum tut ihr einander Unrecht? Der Mann aber, der seinem Nächsten unrecht getan hatte, stieß ihn weg und sagte: wer hat dich zum Anführer und Schiedsrichter über uns bestellt? Willst du uns etwa umbringen, wie du gestern den Ägypter umgebracht hast?*« (Apg 7,24-28).

Diese Stelle, die Ex 2,11-14 entspricht, enthält bei Stephanus nicht das Motiv, dass Mose den Ägypter heimlich und mit Vorsatz erschlug, nachdem er sich »nach allen Seiten« umgesehen hatte, ebensowenig das Motiv, dass Mose nicht geflohen wäre, hätte er die Entdeckung seiner Tat nicht fürchten müssen. Stephanus erzählt den Vorgang ausschließlich als Notwehr- und als Befreiungstat, als ein Beispiel der – letztlich in der Vorausschau auf Jesus – miteinander parallelisierten großen Befreiungstaten. Und Mose geht auch in dem Anklagepunkt voraus, der den Verurteilungsgrund Jesu abgab: in der Lästerung der Tempels, d.h. der Verweigerung einer Ortsbindung von Gottes Gegenwart (immerhin der Grund für die Anreise und die Anwesenheit der proselytischen Juden, die Stephanus anklagten): »*Doch der Höchste wohnt nicht in dem, was von Menschenhand gemacht ist*« (Apg 7,48f).

Obwohl das Interesse dieser Rede offensichtlich nicht auf der moralischen Bewertung von Handlungen liegt, ist doch die Anklage der Juden im Hohen Rat als »Verräter und Mörder« Jesu (Apg 7,52) im Gegenüber zu der tötenden Befreiungstat des Mose zu sehen. Daran kann man erkennen, dass auch unter dem unmittelbaren Eindruck der Bergpredigt Jesu der Gedanke an die Unterscheidung zwischen Notwehr und Mord nicht erloschen ist. Und von daher ist immer die »große« Liebes- und Friedensethik des Christentums von der »kleinen« Notwehrethik zu unterscheiden. Diese freilich steht unter dem Vorbehalt einer möglichen Auflösung der Not, die sie hervorbringt. Die Geschichte dieser Auflösung ist lang: die Auflösung der Blutrechte, die Verurteilung des Krieges, der Gewalttätigkeiten, der Folter, der Verleumdung, der Vergewaltigung, des Kindesmissbrauchs usw. bis zur Verurteilung der Todesstrafe. Aber nicht alle Not haben wir beseitigen können. So denken wir weiterhin nicht nur über die Gerechtigkeit nach, die den Frieden schaffen kann, sondern auch über die Not, die z.B. eine gewaltsame »humanitäre Intervention« hervorruft.

Wie denken wir heute über Leben und Tod?

Wie sollen wir heute mit all diesen Fragen umgehen, die sich über Leben und Tod stellen, alten und neuen, verschärften und komplexen, unstrittigen und strittigen? Eines ist klar: die Wirkungsgeschichte des Gebotes hängt – schon bisher, mehr noch in der Zukunft – davon ab, wie sich die geschichtlichen Rahmenbedingungen und die ethischen Diskurse im philosophischen Kontext verändern. Dies ist der Grund, weshalb wir heute den Vorzug der »größten« Gerechtigkeits- und Friedensethik vor der »kleinen« Notwehrethik ebenso vertreten wie die Abschaffung der Todesstrafe. Auf der anderen Seite sehen wir Völkermord und Folter, Vergewaltigung und Kindesmissbrauch mehr als frühere Zeiten als himmelschreiende Sünden an, besonders als Sünden gegen das fünfte, nicht das sechste Gebot. Die Geschichte und die Wissenschaftsentwicklung haben uns gelehrt, den Sitz der Anfälligkeit für die Sünde nicht mehr im sexuellen Begehren, sondern in der Verführbarkeit zur Gewalt zu sehen. Aggressivität und Vorurteil verdienen unsere sozialethische Aufmerksamkeit; sie sind derzeit besonders im Rechtsextremismus erneut wahrzunehmen und zu bekämpfen.

Selbsttötung als häufige Todesursache in hochzivilisierten Gesellschaften erscheint heute eher als eine Folge der mitmenschlichen Isolation und des schwierigen Umgangs mit Scheitern. Tötung auf Verlangen (aktive Euthanasie) wird als ein Problem der lebensverlängernden Medizin angesehen. Dennoch gilt auch hier der Kern des Verbotes: das hohe Gut des Lebens und die mangelnde Berechtigung, es selbst zu beenden oder sich direkt töten zu lassen, erlauben es nicht, Extremfälle zum gesetzlich erlaubten Normalfall zu machen. Sicherlich gibt es rechtliche Regulierungen, die schwer erzwingbar sind und, wie im Schwangerschaftskonflikt, die Abwägung, ob das wachsende Leben besser durch Strafe oder durch Entlastung der Mutter gesichert sei. Wie immer man darüber denkt: es ist Aufgabe der Gesellschaft, durch ihre Solidarität solche Konflikte zu reduzieren, statt sie chirurgisch zu beenden.

Wann das Leben eines Menschen beginnt, ist heute eine viel diskutierte Frage. Eine befruchtete Eizelle, ein Embryo, ist ein menschliches Lebewesen. Die Frage, ob sein Leben zu schützen sei, ist daher nicht zu verneinen. Es bleibt die Frage, ob diese Schutzpflicht mit dem Gut Gesundheit – des Embryos oder solcher, die einmal vom medizinischen Ertrag des Embryonenverbrauches profitieren wollen – so abzuwägen ist, dass sie dahinter zurücktritt. Diese Frage ist zu verneinen, weil es keinen Lebensschutz gibt, der auf Lebensrettung, außer im Falle Leben gegen Leben, verzichten kann. Unsere Gesetze entsprechen dem nicht in jedem denkbaren Fall, aber bisher ist zumindest der Ausweg im Sinne des Lebensschutzes rechtlich freigehalten. Würde man eigens Embryonen für Selektionsvorteile oder zum Forschungsverbrauch bereitstellen oder herstellen, würde man diesen Ausweg absichtlich verschließen. Das Lotteriespiel der Natur kennt diese Absicht nicht, es ist moralisch blind. Aber das fünfte Gebot öffnet uns die Augen für unsere Verantwortung und ihre theologische Vorentscheidung, die in der Annahme des anvertrauten menschlichen Lebewesens liegt.

Bibelarbeit (von Bettina Wellmann)

1. Auf den Bibeltext zugehen

In vielen vergangenen und aktuellen Diskussionen wird auf den Grundsatz »Du sollst nicht töten/morden« Bezug genommen (Wehrdienst, Kriegseinsatz im Kosovo, Tierversuche, Sterbehilfe, Todesstrafe, Schwangerschaftsabbruch, Embryonenforschung, etc.). Eine eindeutige Anwendbarkeit erscheint aber in allen Bereichen bei genauerem Hinsehen schwierig.

1. Auf eine Tafel (Folie/Plakat) werden drei Spalten eingetragen. In der ersten Spalte, »Themen«, sammeln die Teilnehmer/innen (TN) Diskussionsfelder, in denen mit dem fünften Gebot argumentiert wird.
2. Anschließend sammeln sie (im Plenum oder in Murmelgruppen) in der zweiten und dritten Spalte beispielhaft »pro« und »contra«-Argumente zu den einzelnen Themen.
3. Schließlich diskutieren sie, ob das Tötungsverbot bei diesen Themen greift oder nicht und erfahren, wie uneindeutig dieses Gebot anwendbar ist bzw. wie kontrovers diese Themen sind.

2. Dem Bibeltext begegnen

1. Ausgewählte Bibeltexte verdeutlichen den TN, dass Töten auch biblisch nicht kategorisch abgelehnt wird: z.B. Blutrache/Todesstrafe (Num 35,9-12), Tyrannenmord (Judit/Ester), Töten des Feindes (Ri 4,17ff), Kriegsfall (Dtn 7,1-2).
2. Die TN lesen weitere Stellen (z.B. 1 Kön 21,19; Dtn 22,26; Num 35,20-21; Ps 94,6; Hos 4,1-2; Hiob 24,14), in denen das hebr. Wort *razach* (morden/töten) vorkommt und erarbeiten in Kleingruppen: Welche Form des Tötens ist gemeint? Welcher Adressat ist angesprochen?
3. Austausch im Plenum. Der/die Leiter/in (L) gibt Informationen zum Verständnis des Gebots:

- Das hebr. Wort *razach* für Töten kommt nur 47-mal im AT vor. Es bezieht sich nie auf Tiere, beschreibt immer einen gewaltsamen Vorgang und hat nie Gott als Subjekt, sondern den freien israelitischen Vollbürger. Es meint also das gewalttätige, schuldhafte Töten eines Menschen, das auch indirekt geschehen kann (vgl. 1 Kön 21,19). Auffällig ist, dass es nie auf Töten im Krieg, Selbsttötung oder Notwehr angewandt wird.
- Geschützt ist das Leben des freien Israeliten. Im ungeborenen Kind sahen die Israeliten übrigens noch keinen vollwertigen Menschen, wie die Gesetzesvorschrift (Ex 21,22f) zeigt, in der eine verschuldete Fehlgeburt lediglich als Schadensfall gilt.
- Der Dekalog hat das typische und alltägliche Tun des Einzelnen im Blick. Fragen des Staates, der Todesstrafe oder des Krieges sind zunächst nicht sein Thema.
- Der Grundsinn des Gebotes ist die elementare Lebenssicherung des Nächsten und seiner Familie als Voraussetzung, die von Jahwe geschenkte Freiheit zu genießen.
- Jede Übertragung auf weitere Problemfelder muss sich dieser anderen Situation bewusst sein. Kriterium für eine Anwendung des Gebots auf aktuelle Themen könnte sein: Jedes Töten, das die geschenkte Freiheit in Frage stellt, ist der Sache nach mitbetroffen.

4. Die TN lesen das fünfte Gebot im Zusammenhang der Zehn Gebote. Gespräch zur Frage: Welchen Bezug hat das Gebot zum Prolog/zur erfahrenen Freiheit?

3. Mit dem Bibeltext weitergehen

1. Die TN diskutieren (Plenum oder Kleingruppen) folgende Fragen:
   - Wie können wir heute ein Klima schaffen, das das Leben fördert?
   - Wo sind wir aufgerufen, Mitmenschen v.a. Kindern die Schutzbedürftigkeit allen Lebens zu vermitteln?
   - Wie sieht eine »große Liebes- und Friedensethik« konkret aus, wie sie Jesus in seiner Auslegung des Tötungsverbots fordert (Mt 5,21f) – eine Ethik, die den anderen nicht nur leben lässt, sondern ihm Achtung und Würde zuspricht?

Alternative:

2. Die TN betrachten das Bild von Keith Haring (S. 81). Sie äußern ihre Assoziationen: Wofür steht der gewalttätige Fuss heute? Wo werden Menschen niedergetrampelt? Wo beginnt Mord (Rufmord, jemanden totschweigen, etc.)? Wo ist alltäglich unser Einspruch für das Leben gefordert? Wie begegnen wir Agressivität und Gewalt?

Ehen zerbrechen. Massenhaft
zerbrechen Ehen, kaum
dass sie geschlossen sind.

Was ist der Grund? Übereilte
Wahl? Notorische Unstimmigkeit?
Unfähigkeit zum Bund?

Nicht der Mann ist das Haupt.
Die Frau bewegt sich im Gleichen.
Beide teilen das Glück der Ergänzung.

Modell einer Gemeinschaft zu Zweit.
Basis für Künftige. Lebenslang
Chance für offenes Ausgestalten.

Buhle nicht. (Buber)

Du sollst nicht ehebrechen. (Luther)

Du sollst nicht ehebrechen. (Gute Nachricht Bibel)

George Augustin

Du sollst nicht ehebrechen

Traum einer unbedingten Treue

Über die meisten der Zehn Gebote ließe sich leicht ein gesellschaftlicher Konsens herstellen – auch bei Menschen, für die Kirche und Religion im Alltag längst keine tragende Bedeutung mehr haben. Aber an dem sechsten Gebot scheiden sich die Geister leidenschaftlich. In der heutigen Zeit wird dieses Gebot als etwas Weltfremdes und als Verkrustung der Vergangenheit angesehen. Für viele Zeitgenossen ist dieses Gebot praktisch belanglos geworden. Die erhoffte sexuelle Befreiung hat aber heute neue Formen der Unfreiheit mit sich gebracht. Die emanzipierte Sexualität fördert eine Konsum-Mentalität ohne die Bereitschaft, entsprechende Verantwortung zu übernehmen. In dieser Situation ist es nicht leicht, Menschen den tieferen Sinn dieses Gebotes einsichtig zu machen.

Die besondere Stellung des sechsten Gebotes verdeutlicht ein Witz: Als Mose vom Sinai, wo er von Gott die Zehn Gebote empfing, zum Volk zurückkehrte, sagte er: Ich habe eine gute und eine schlechte Nachricht. Die gute: Ich habe ihn auf *zehn* Gebote herunterhandeln können. Und die schlechte: Ehebrechen ist auch künftig nicht erlaubt.

Uraltes Thema der Menschheit

Die Tatsache, dass dieses Gebot zu den Minimalforderungen des Dekalogs gehört, bedeutet, dass Ehe und Sexualität ein schwieriges Thema nicht nur der heutigen Gesellschaft, sondern ein uraltes Thema der Menschheit sind. Denn trotz unterschiedlicher Kulturen haben die Menschen erkannt, dass eine sinnvolle Orientierung und allgemein verbindliche Ordnungen in Fragen der Sexualität für das Gelingen des Zusammenlebens der Menschen notwendig sind.

Die Ehe hat heute einen privaten, intimen und individuellen Charakter angenommen. Damit hat sich auch die Einstellung zum Ehebruchsgesetz verändert. Hinsichtlich der Sexualität ist es relativiert worden, während andererseits eine vermehrte Sensibilisierung, eine verschärfte Wahrnehmung gegenüber Liebesverletzungen eingetreten ist. Im Blick auf die Ehe als Dauerinstitution ist zu beobachten, dass eine befriedigende Lebensgestaltung des Einzelnen vielfach höher gewertet wird als das Durchhalten einer schwierig gewordenen Ehe. Gleichzeitig fehlt vielen Menschen das Verständnis für Institution und soziale Ordnung. Die überkommenen Normen des sexuellen Verhaltens sind in der Öffentlichkeit weithin in Frage gestellt. Wenn wir uns der Herausforderung der heutigen Zeit aus einem christlichen Standpunkt heraus stellen wollen, müssen wir den Menschen in seiner Sexualität und in seinem sexuellen Verhalten mit seinen Licht- und Schattenseiten wahrnehmen.

Der tiefere Sinn dieses Gebotes wird nicht in den Blick kommen, wenn es entweder aus dem Blickwinkel eines uralten leib- und sexualitätsfeindlichen Rigorismus oder eines alles relativierenden Laxismus aus der Zeit der so genannten »Sexuellen Revolution« betrachtet wird. Der Anknüpfungspunkt für die Verständigung mit den heutigen Menschen könnte die oft verschwiegene Erfahrungswirklichkeit sein, die heute schamhaft im Inneren verborgen wird und doch wirkt: das unstillbare Sehnsuchtsmotiv lebenslanger und bedingungsloser Treue, verschwistert mit dem beflügelnden Motiv verlässlicher Liebe. Die tiefere Bedeutung des Gebotes wird nur im Rahmen einer bestehenden Gottesbeziehung einsichtig und kann nur innerhalb dieser Beziehung seine bleibende Gültigkeit erweisen.

Biblisches Verständnis von Ehebruch

Im ursprünglichen Kontext der Zehn Gebote geht es beim sechsten Gebot primär um Lebenssicherung des Nächsten und seiner Familie in der damaligen Gesellschaft. Ehebruch wurde im Alten Testament nicht als eine private Angelegenheit betrachtet. Diese Weisung verbietet den Männern in eine andere Ehe einzubrechen. Verboten ist die Beziehung zu einer verheirateten bzw. rechtlich verlobten Frau. Die Tragweite des hier angestrebten Schutzes der Ehe des Nachbarn und Nächsten ist nur verständlich im Kontext der lebensnotwendigen Funktion und Bedeutung der Familie in der damaligen Gesellschaft. Bei Ehebruch stand die Legitimität der Nachkommen, die Erhaltung der Familie und ihres Grundbesitzes auf dem Spiel. Da er ganz real die Lebensgrundlage des Nächsten in Frage zu stellen drohte, geht es bei Ehebruch um Leben und Tod (Lev 20,10; Dtn 22,22f). Das verbotene Tun hat für die Betroffenen wie für den Angesprochenen selbst Konsequenzen, die tief in die von Gott geschenkte Freiheit und verlässliche Geborgenheit eingreifen.

Ursprünglich dient also das sechste Gebot dem Schutz von Ehe und Familie, betrifft aber nicht andere sexuelle Vergehen. Auch ist durch das Gebot im Alten Testament die Scheidung nicht verboten. Aber Jesus hat das sechste Gebot in einer unerhörten Weise radikalisiert, indem er den Bruch der Ehe schon in den Gedanken, Blicken und geheimen Wünschen beginnen lässt. In der Bergpredigt erklärt er den Jüngern kompromisslos: »*Ihr habt gehört, dass gesagt worden ist: Du sollst nicht die Ehe brechen. Ich aber sage euch: Wer eine Frau auch nur lüstern ansieht, hat in seinem Herzen schon Ehebruch mit ihr begangen*«(Mt 5,27f). Jesus hat aber auch in anderer Weise das Verbot des Ehebruchs verschärft, insofern er nämlich jede Ehescheidung ablehnt. Die diesbezügliche Frage der Pharisäer beantwortet er: »*Wer seine Frau aus der Ehe entlässt und eine andere heiratet, begeht ihr gegenüber Ehebruch.*

Auch eine Frau begeht Ehebruch, wenn sie ihren Mann aus der Ehe entlässt und einen anderen heiratet« (Mk 10,11f). Damit weist er die gängige jüdische Praxis der Ehescheidung zurück und plädiert für die unbedingte Treue der Partner. Er beruft sich auf den ursprünglichen Willen des Schöpfers: »*Am Anfang der Schöpfung aber hat Gott sie als Mann und Frau geschaffen. Darum wird der Mann Vater und Mutter verlassen, und die zwei werden ein Fleisch sein. Sie sind also nicht mehr zwei, sondern eins. Was aber Gott verbunden hat, darf der Mensch nicht trennen«* (Mk 10,6-9). Die Ehe ist nach dem Willen des Schöpfers eine lebenslange Gemeinschaft. Wer heute die Zehn Gebote im Sinne Jesu auslegt, kann seine eindeutigen Worte nicht achtlos beiseite schieben.

Befreiung zur wahren Freiheit

Was für alle Gebote gilt, ist in besonderer Weise dem sechsten Gebot eigen. Es ist keine legalistische Einengung des Lebens, sondern Gottes Wegweisung in die tiefere und vollkommene Freiheit der Menschen. Mut und Zuversicht in die Zukunft bestimmen den Grundton. Auf dem Weg vom Land der Knechtschaft in das Land der Freiheit markieren die Gebote Gottes einen unübersehbaren Orientierungspunkt. Ihre modifizierte Fortschreibung durch Jesus von Nazaret hat dies besiegelt. Der Gott, der für die Menschen »da sein« will, ist das Innengeheimnis menschlicher Gemeinschaft. Er will, dass die Lebensgemeinschaft von Frau und Mann gelingt. Gott will seine Absicht für die Menschen wach halten: Bedenke, eure Liebes- und Lebensgemeinschaft ist heilig, sie steht unter meinem besonderen Schutz. Die gestalterische Kraft dieser Verheißung besteht in der Schärfung des Verantwortungsbewusstseins. Das sechste Gebot dient zur Orientierung, verantwortlich das Gewissen zu bilden und ihm zu folgen. Denn die Sexualität hat tiefste Symbolik für die höchsten Möglichkeiten menschlicher Gemeinschaftsfähigkeit überhaupt.

Diese Verheißung als Weisung Gottes hat ihre letzte Wurzel im Glauben an Gottes Zuwendung zu seinem Volk. Der tragende Grund ist der Gottesglaube. Dieser Glaube belastet nicht, sondern befreit. Nur im Rahmen dieser Glaubensbeziehung und im Vertrauensverhältnis zu Gott, kann der Mensch die volle Bedeutung dieses Gebotes wahrnehmen.

Befähigung zur unwiderruflichen Liebe und Treue

Dieses Gebot ist Gottes Vertrauensbeweis an die Menschen: Du bist zu unverbrüchlicher Liebe fähig. Die eheliche Partnerschaft als die unverbrüchliche und ausschließliche Selbstzusage zweier Menschen füreinander ist die intensivste Form mitmenschlicher Gemeinschaft. Auf ihr ruht die Verheißung Gottes: Menschen sind fähig den anderen an- und aufzunehmen, ohne einander Leid anzutun. Nicht der Augenschein, sagt diese Verheißung, sondern eure Sehnsucht nach Leben in verlässlicher Liebe und der Traum von ewiger Treue ist das Entscheidende.

In einer Zeit freilich, welche die Unbeständigkeit des Wandels nicht nur erleidet, sondern aus ihr lebt, drohen auch personale Beziehungen wie die Ehe in den Sog prinzipieller Befristung gezogen zu werden. Im Wirbel der Unbeständigkeit lebt man nur noch im Heute. Die Treue hingegen hat mit Vergangenheit und Zukunft zu tun: Sie blickt zurück auf eingegangene Zusagen und Verpflichtungen; sie bewahrt das Gedächtnis für Versprochenes. Und sie greift voraus auf Zukunft, wenn sie Bindungen eingeht. Die Entfremdung vom Gedächtnis des Vergangenen wie das fehlende Zutrauen zur Zukunft lassen die Treue ins Wanken geraten. Dies trifft dann auch die Trauung – ein Wort, das sprachlich mit der Treue und Vertrauen zusammenhängt. Trauung ist die öffentliche Bekundung einer Treuezusage.

Die Ehe als engste personale Lebensgemeinschaft ist grundsätzlich auf Dauer angelegt. Die ganze lebensumfassende Liebesgemeinschaft der Ehegatten schließt jede Einbeziehung eines Dritten in die eheliche Gemeinschaft aus. Der Wunsch nach Ausschließlichkeit und Exklusivität kommt in tragischer Weise zum Vorschein, wenn ein unschuldiger Partner betrogen und verletzt wird. Jeder weiß, wie viel Leid durch eine gebrochene Partnerschaft entstehen kann. Nur diese Erfahrung lässt die Notwendigkeit und Aktualität des Gebotes ahnen. Die Lebensgemeinschaft der Ehepartner, die auf gegenseitiger Treue begründet und in besonderer Weise durch Christi Sakrament geheiligt ist, bedeutet unlösliche Treue, die im Glück und Unglück Leib und Seele umfasst. Daher ist diese Lebensgemeinschaft unvereinbar mit jedem Ehebruch. Wenn wir die Ehe als personale Gemeinschaft verstehen, können wir unter Ehebruch keineswegs nur den sexuellen Kontakt mit einem anderen Partner verstehen. Ehe ist durch verschiedenartige Verletzungen der erhofften Treue bedroht. Wenn durch die gegenseitige und bedingungslose Liebe die gleiche personale Würde sowohl der Frau wie des Mannes anerkannt wird, wird auch die durch den Ehebruch entstandene tiefe Enttäuschung überaus verständlich. Es ist das Entscheidende, wie man mit Verletzungen umgeht, ob man die Bereitschaft findet zu verzeihen und mit Gottes Kraft einen neuen Anfang zu wagen.

Die Erfahrung in der Ehevorbereitung mit Brautpaaren zeigt deutlich, dass die Sehnsucht nach Treue in der Partnerschaft einen großen Stellenwert hat. Das Brautpaar hat den festen Willen und den innigen Wunsch, dass die eheliche Gemeinschaft ein Leben lang besteht. Sonst könnten sie nicht Ja sagen zum »bis der Tod uns scheidet«. Die Untreue in der Ehe empfinden die meisten Eheleute als persönliche Verletzung und Missachtung der menschlichen Würde. Denn Liebe und Sexualität können nicht voneinander getrennt werden. Insofern wird die eheliche Partnerschaft zu einer ständigen Aufgabe: Unter Einsatz aller Vernunft und Phantasie muss daran gearbeitet werden, die Partnerschaft so zu gestalten, dass schon der Gedanke an einen Ausbruch als unter Niveau erscheinen muss!

Grenzerfahrung als Ort existentieller Glaubenserfahrung

Der Alltag des christlich gestalteten Ehelebens kann schwer und unerträglich sein. Die eheliche Gemeinschaft von Frau und Mann ist selbstverständlich eine entwicklungsfähige Weggemeinschaft, die erfüllend, jedoch ebenso steinig und zerbrechlich sein kann. Menschsein gibt es auch in der Ehe kaum ohne Versagen. Die Ehe ist nicht gegen menschliches Scheitern versichert. Weder das Gelingen jeder Ehe kann garantiert, noch jedes Risiko ausgeschaltet werden. Hinter dem Scheitern oder Misslingen einer Ehe stehen individualpsychologische und gesellschaftliche Gründe. Ein gescheiterter Eheversuch bringt qualvolle Ungewissheit und unendliches Leid. Solche Grenzerfahrungen können für glaubende Menschen Ort existentieller Glaubenserfahrung werden, ohne am Scheitern der Ehe als Mensch völlig zu zerbrechen. Auch in Krisen mag das Wunder des heiligen Geistes erfahrbar werden als erlösendes, wärmendes Licht, das unverhofft erfüllt und beglückend als neues Leben erlebt wird. Denn der Sinn des Kreuzes ist der Durchgang zu einer Lebensfülle, die schon hier in inselhaften Ereignissen tiefer Beglückung ihren Anfang nimmt.

Die Möglichkeit und die mögliche Bewältigung des Scheiterns der Ehe, die Scheidung und Wiederheirat unserer Zeit, dürfen allerdings den Blick auf die gelingende und gelungene Ehe nicht verstellen. Wir dürfen den Blick dafür nicht verlieren, wie viele Menschen gut und sogar glücklich verheiratet sind, mit Freude in ihrer Ehe leben, gläubig und mit viel Überlegung auch ihre Krisen zu bewältigen versuchen. Ziel der christlichen Botschaft ist es, dass Mann und Frau ihr Leben teilen und in der Gemeinschaft des ganzen Lebens, nicht nur der Dauer nach, sondern auch in allen Lebensbereichen ihre beglückende menschliche Erfüllung finden.

Wenn das sechste Gebot als eine Hilfe und Stütze zur Gewissensbildung verstanden wird, kann es heute noch Menschen Orientierung geben. Denn dieses Gebot kann den Blick für wahre Humanität schärfen und Scheinhumanität entlarven. Die Verheißung dieses Gebotes ist die im Glauben gelebte Humanität der Beziehung zwischen Mann und Frau.

Ziel dieser Verheißung sind nicht Verbotstafeln und Sanktionen, sondern die Humanisierung und Erlösung der Sexualität. Sie ist Ermutigung zu eigentlich größeren Möglichkeiten menschlicher Begegnung. Mitten in allen Problemen des Sexualverhaltens macht diese Verheißung im Namen Gottes Mut zur wahren Liebe. Das Gebot schützt die Sehnsucht nach dem, was sich viele Menschen tief wünschen: eine Beziehung, die Bestand hat und bleibt.

Mut zur Liebe im Vertrauen auf die Gnade Gottes

Die Liebe ist biblisch gesehen nicht ein Gefühl, sondern eine Entscheidung des Willens und des Herzens zu Gott und zu den Menschen. Diese Herzensentscheidung verwirklicht sich im Denken, Reden und Tun. Dabei geht es in erster Linie darum, Gott und den Menschen gerecht zu werden. Liebe ohne diese Gerechtigkeit gibt es nicht. *»Bleibt niemand etwas schuldig, außer dass ihr einander liebt ... Denn die Gebote: Du sollst nicht die Ehe brechen ... und alle anderen Gebote sind in dem einen Satz zusammengefasst: Du sollst deinen Nächsten lieben wie dich selbst. Die Liebe tut dem Nächsten nichts Böses. Also ist die Liebe die Erfüllung des Gesetzes«* (Röm 13,8-10).

Das sechste Gebot ist nichts anderes als die Verwirklichung der Liebe und Gerechtigkeit in der Liebes- und Lebensgemeinschaft von Mann und Frau. Rein menschlich gesehen erscheint uns dieser Auftrag an Eheleute ein Paradox zu sein: Erfüllung in der Unerfüllbarkeit zu suchen. Aber der Glaubende darf darauf vertrauen, dass Gott hinter seiner Zusage steht, die der Apostel Paulus vertrauensvoll formuliert hat: *»Meine Gnade genügt dir; denn sie erweist ihre Kraft in der Schwachheit«* (2 Kor 12,9).

Bibelarbeit (von Bettina Wellmann)

Das sechste Gebot schützt grundsätzlich die Familie und damit die Lebensgrundlage des Einzelnen. Es weiß um die Bedeutung von stabilen Beziehungen, die ein Mensch braucht und nach denen er sich sehnt, um frei und gut leben zu können. Sicherlich ist das alttestamentliche Verständnis von Ehe und damit auch die Problematik des Ehebruchs eng mit seinen sozial-ökonomischen Aspekten verknüpft. Aber es wäre einseitig, die Ehe darauf zu beschränken. Ehe als Verhältnis von Mann und Frau ist auch im Alten Testament nicht nur Verwaltung familiären Besitzstandes, Zeugung und Erziehung von Kindern. Mann und Frau bilden von der Schöpfung her eine Einheit, sie sind sich gegenseitig Ergänzung und Hilfe gegen das Alleinsein (vgl. Gen 2,18-24; Tob 8,4-9; Koh 4,9-12; Sir 36,27-31). Die Bibelarbeit fragt nach der Freiheit, die Menschen aus (ehelichen) Beziehungen schöpfen.

1. Auf den Bibeltext zugehen

1. In der Mitte liegen Bilder von Paaren (Zeitungsausschnitte oder Bilder aus der Kunst z.B. Emil Noldes »Uraltes Paar«). Welche Erfahrungen drücken sich in ihren Gesichtern und Haltungen aus? Die Teilnehmer/innen (TN) kommen ins Gespräch über die Chancen, aber auch die Grenzen von Partnerschaft.
2. Als Impuls kann auch der folgende Text von *Hans Walhof* dienen:

Was die Tage reich macht, sind die Kräfte des Herzens,
die Offenbarungen einer Freundschaft.
Ein Du zu wissen, um das einer kreisen, in das einer einziehen kann,
gibt der Zeit einzigen Sinn,
wobei dieses Du sich auf Gott oder auf einen Menschen beziehen kann.
Dieses Du füllt die Zeit auf und aus.
Das ist es eben, dass Freundschaft über die Zeitlichkeit hinausgreift
und das Endlose und das Zeitlose einzufangen versteht.
Wer bei einem anderen zu Hause ist und ihm selbst ein Daheim bieten kann,
lebt doppelt.

Alternative für vertraute Gruppen:

3. Auf einem Plakat steht in zwei Spalten: Was reizt mich am Ehebruch? Was verliere ich beim Ehebruch? Die TN kommen darüber ins Gespräch.

2. Dem Bibeltext begegnen

1. Das Ehebruchsverbot wird im Zusammenhang der Zehn Gebote gelesen. Der/die Leiter/in (L) informiert über die ökonomisch-rechtliche Bedeutung der Ehe in biblischer Zeit (Legitimität der Kinder, Sicherung von Grundbesitz/Nahrung, Gefahren vgl. Spr 5,1-23; 6,23-35).
Die TN sprechen über die Fragen:
• Wie hängen die Präambel – die Erinnerung an die Befreiung – und das sechste Gebot zusammen? Welche Freiheit konkretisiert sich in diesem Gebot?
• Wie berühren sich sechstes Gebot und das Bilderverbot? Gefährdet eine unrealistische Erwartung an den Partner eine Beziehung?
• Wo beginnt für mich Ehebruch? Was gefährdet (m)eine Beziehung?
2. In Kleingruppen werden die Texte Gen 2,18-24; Tob 8,4-9; Koh 4,9-12; Sir 36,27-31 gelesen, die (zeitbedingt aus einer männlichen Perspektive) die Ehe als gelingende menschliche Gemeinschaft beschreiben. Die TN tragen auf einem Plakat zusammen:
• Welche positiven Aspekte von Partnerschaft beschreiben die Texte?
• Welche Gefährdungen birgt der Ehebruch?
Anschließend Austausch im Plenum.

3. Mit dem Bibeltext weitergehen

1. Die TN formulieren in einem Brief an den/die Partner/in, an Kinder/Enkel oder in einem Tagebucheintrag, welche Kräfte und welche Freiheit sie aus einer Partnerschaft (für Alleinlebende: aus einer engen Freundschaft) für die Bewältigung ihres Lebens schöpfen und was ihnen das sechste Gebot bedeutet. *Alternative:*
2. Die TN malen die Beziehung, die ihnen am kostbarsten ist.

Den Ureinwohnern
wird ihr Land
gestohlen.

Die Schatzkammern
der Erde werden
ausgeraubt.

Den schönsten Kreaturen
wird ihr Ort
genommen.

Weltweit
tut ein Wall
des Bewahrens not.

Stiehl nicht. (Buber)

Du sollst nicht stehlen. (Gute Nachricht Bibel, Luther, EÜ)

Bettina Wellmann

Du sollst nicht stehlen

Freiheit und soziale Gerechtigkeit

Verlust tut weh. Beim Anblick des leeren Platzes, wo vor zehn Minuten noch mein Fahrrad stand, kriecht Wut hoch. Wut über den Dieb, Wut über die eigene Unachtsamkeit, Wut über die Ungerechtigkeit der Welt, die sich in diesem Diebstahl vor mir aufzutürmen scheint. Eigentum ist uns heilig – selbst dann, wenn wir versichert sind oder in der Lage, den Verlust ohne gravierende Einschnitte in den Geldbeutel zu ersetzen.

Wer bestohlen worden ist, bei dem schnellt der moralische Zeigefinger in die Höhe. »Du sollst nicht stehlen!« – endlich mal ein alltagstauglicher Satz in der Bibel! Immerhin gaben 77% der deutschen Bevölkerung in einer Emnid-Befragung an, dass ihnen das siebte Gebot sehr wichtig sei. Aber verfolgt dieses Gebot wirklich den Schutz gegen Alltagsdiebereien? Vertritt es eine Ethik der Eigentümer zur Besitzstandswahrung? Aus Sicht der Besitzenden sagt es sich leicht »Du sollst nicht stehlen«...

Wie die Bibel zum Eigentum steht

Es gibt einen schönen und schlichten Grundsatz in der Bibel, wie eine ideale Verteilung von Eigentum aussieht, die Frieden sichert: Ein jeder soll »unter seinem Weinstock und seinem Feigenbaum« leben können (1 Kön 5,5; 2 Kön 18,31; Mi 4,4; Sach 3,10). Hinter dieser Formulierung steckt ein Traum: ein jeder soll sein Leben in Freiheit genießen können, keiner soll das Lebensnotwendige entbehren. Der Feigenbaum steht für die Sicherung der Grundbedürfnisse, der Weinstock für Freude und Genießen. Das reicht – mehr ist zum Leben nicht notwendig. Das Land gehört zwar privaten Eigentümern, aber seine Parzellen sind gerecht verteilt. Eigentum ja, aber für alle! Dies garantiert eine stabile Ordnung, in der alle gerecht an den Gütern beteiligt sind.

Auch die Zehn Gebote weisen einen Weg für ein gerechtes gesellschaftliches Zusammenleben. Die Botschaft, dass Gott sein Volk aus dem Sklavenhaus Ägyptens befreite, steht wie ein Vorzeichen in der Einleitung der Zehn Gebote. In den Geboten soll sich diese Freiheit, die im Exodus geschenkt ist, nun bewähren. Sie soll nicht nur Ideal bleiben, sondern eine Form bekommen. Die von Gott gewährte Freiheit zu verwirklichen, meint dabei: »in Gemeinschaft mit seinem Gott auf eigenem Land wohnen und dessen Reichtümer ohne versklavende Arbeit genießen können. Diese sehr konkrete Freiheit muss bewahrt und praktiziert werden« (G.Braulik).

Gebote zur Sicherung der Lebensgrundlage

Dass dieses Ideal einer stabilen Ordnung jedoch immer gefährdet war und ist, weiß auch die Bibel. Mit den Gefährdungen, die dabei vom Menschen selber ausgehen, setzen sich insbesondere die so genannten sozialen Gebote des Dekalogs (= des Zehnworts) auseinander. Diese sind das fünfte bis zehnte Gebot (Dtn 5,17-21), zu denen auch das Diebstahlsverbot gehört. Sie schützen drei zentrale Dinge, die ein Mensch braucht, um frei und gut leben zu können: sein/ihr Leben (Tötungsverbot), stabile Beziehungen (Ehebruchs-/Begehrensverbot) und Eigentum zur Grundversorgung (Diebstahls-/Begehrensverbot). Diebstahl gefährdet diese stabile Ordnung und lässt das Vertrauen, das der Mensch in sie setzt, wanken. Vielleicht verwendet die Bibel deshalb oft die Motive »nachts« und »heimlich«, wenn sie von den Dieben spricht (Jer 49,9, Obd 5,8). Der Dieb – im Hebräischen *ganav*, das uns in dem jiddischen Wort »Ganove« erhalten ist – steht für Verunsicherung, Unberechenbarkeit und plötzlichen Wegfall aller Sicherheit.

Auch zwischen dem 8.-6. Jh. v. Chr., als die Zehn Gebote entstanden, sind für viele in der damaligen Bevölkerung Sicherheiten weggefallen. Es war eine Zeit der sozialen Verwerfungen. Der Boden war ungleich verteilt. Das Ergebnis waren schroffe soziale Gegensätze, die die Propheten zu sozialkritischem Einspruch herausforderten. So mahnt Jesaja: »*... der Rechtlose schreit. Weh euch, die ihr Haus an Haus reiht und Feld an Feld fügt, bis kein Platz mehr da ist und ihr allein im Land ansässig seid*« (Jes 5,8).

Eine Geschichte, die uns von solchem Landdiebstahl berichtet, ist die Erzählung über Nabots Weinberg (1 Kön 21). Hier werden sogar legale Rechtswege vorgetäuscht, um den Diebstahl zu vertuschen: Nabot aus Jesreel besitzt einen Weinberg. Leider liegt dieser direkt neben dem Palast des Königs Ahab, der ihn im Rahmen einer Grundstückserweiterung gern aufgekauft und zum Gemüsegarten gemacht hätte. Aber Nabot will das Erbe seiner Väter nicht verkaufen, da es für ihn und seine Kinder Grundsicherung bedeutet. Also schmiedet Isebel, die Frau Ahabs, einen Plan. Sie lässt Nabot durch falsche Zeugen der Gottes- und Königslästerung anklagen und in einem rechtmäßigen Verfahren zum Tod durch Steinigung verurteilen. Darauf ergreift Ahab von dem nun eignerlosen Weinberg Besitz. Der Prophet Elija protestiert: »*Durch einen Mord bist du Erbe geworden!*« (1 Kön 21,19). Diebstahl hat hier eine ganz andere Dimension als Ladendiebstahl oder Schwarzfahren! Bedroht sind die sichere Lebensgrundlage und das Leben, gebeugt wird die scheinbar sichere Rechtsstruktur, begangen wird er von den Besitzenden.

Diese Besitzenden sind es auch, die als eigentliche Adressaten des Dekalogs angesprochen sind. Das »Du« in den Zehn Geboten richtet sich an den erwachsenen Israeliten, der rechts- und kultfähig ist. Gemeint ist der freie

Bauer, der über Land, Vieh und Sklaven verfügt. Auf heute bezogen: Gemeint ist nicht der Asylsuchende, der in der U-Bahn schwarzfährt, weil die Kosten für die öffentlichen Verkehrsmittel sein Taschengeld übersteigen, sondern der freie Bürger, der anderen die Lebensgrundlage stiehlt. Was wir Mundraub nennen – sich am Eigentum anderer zu bedienen, um das eigene Leben zu sichern – ist vom Diebstahlsverbot nicht betroffen. Dies wird in den Gesetzessammlungen, die auf den Dekalogtext folgen und bereits biblische Kommentierungen der Zehn Gebote darstellen, eigens geregelt: *»Wenn du in den Weinberg eines anderen kommst, darfst du soviel Trauben essen, wie du magst, bis du satt bist, nur darfst du nichts in ein Gefäß tun«* (Dtn 23,25).

Verbot jeder illegalen Besitzaneignung

Welche Art von Diebstahl im siebten Gebot angesprochen ist, wurde in seiner Auslegung unterschiedlich beantwortet. Fragen wirft die knappe Formulierung des Gebots auf, die ohne Nennung eines Objekts offen lässt, wer oder was nicht gestohlen werden soll. Lange war die Deutung *Albrecht Alts* (1953) bestimmend, der die Auffassung vertrat, dass mit dem Verbot des Diebstahls ursprünglich der Menschendiebstahl gemeint war. Er begründete dies mit einer ähnlich formulierten Rechtsbestimmung in Ex 21,16, wo es heißt: *»Wer einen Mann stiehlt, ... soll getötet werden«*. Hier ist für Menschendiebstahl dasselbe Wort gebraucht (*ganav*) wie im siebten Gebot, woraus Alt die gleiche Bedeutung schloss. Er stimmt darin übrigens mit der traditionellen jüdischen Auslegung überein, die ein ähnliches Verfahren kennt, einen Satz mit einem anderen biblischen Satz zu erklären. So kommt auch eine rabbinische Erklärung zu der Schlussfolgerung: *»Unsere Meister lehren: Du sollst nicht stehlen! Die Schrift redet hier über einen Menschendieb«* (Targum Jonathan, vgl. ausführlicher Mekhilta Bachodesch Kap.8).

Spätere Auslegungen bezweifeln aber diese These und halten es nach genauer Untersuchung des Wortfeldes »stehlen« für sehr unwahrscheinlich, dass ohne Nennung eines Objekts hier ausschließlich Menschenraub gemeint sein soll. Vielmehr ist jedweder Diebstahl, jede illegale Schädigung am Eigentum des Nächsten gemeint.

Man kann auch fragen, ob das siebte Gebot sich nicht mit dem zehnten Gebot, dem Begehrensverbot, überschneidet. Was ist der Unterschied zum Verbot, das Haus des Nächsten zu begehren – zumal »begehren« nicht bloß das Verlangen meint, sondern reale Machenschaften, die Wünsche in die Tat umzusetzen? F. *Crüsemann* hat folgende Unterscheidung vorgeschlagen: im Diebstahlsverbot werde jede illegale Aneignung fremden Besitzes verboten. Im Begehrensverbot gehe es aber um legale Wege, sich den Besitz anderer anzueignen. Und solche legalen Möglichkeiten, sich anderer Personen und ihres Besitzes schleichend zu bemächtigen, bestehen bis heute. Oft beginnt es harmlos mit Geldleihe und endet in der Übernahme des Eigentums.

Diebstahl, wie ihn das siebte Gebot anspricht, ist also ganz allgemein und umfassend die widerrechtliche Aneignung fremden Besitzes – und dies kann neben dem Raub von Sachen auch den Menschendiebstahl als massivste Form der Beraubung der Lebensgrundlage meinen, was leider kein Relikt vergangener Zeit ist (vgl. Frauenhandel).

Die Spitze des Gebots ist eben nicht, dass es eine moralische Instanz gegen Alltagsdiebereien bietet. Die eigentliche Spitze liegt darin, dass es an Besitzende gerichtet ist, die durch ihr Verhalten die ideale Ordnung von »Feigenbaum und Weinstock« zerstören, die die allen geschenkte Freiheit gefährden und den Hilflosen und Bedürftigen die Lebensgrundlage nehmen. Diese Sinnrichtung bekommt das Diebstahlsverbot bereits in der innerbiblischen Auslegung. Die konkreten Einzelbestimmungen, die den Zehn Geboten im Buch Exodus und Deuteronomium nachfolgen, verbieten beispielsweise als Aktualisierung des Diebstahlsverbots folgende Machenschaften: einen Fremden auszubeuten (Ex 23,9), Zinsen zu nehmen (Dtn 23,20) oder eine Handmühle, die als lebensnotwendig gilt, als Pfand zu nehmen (Dtn 24,6). Und eben auch die anklagende Verkündigung der Propheten gibt dem siebten Gebot diese Bedeutung. Jesaja beschimpft die Oberschicht Jerusalems als »*eine Bande von Dieben, alle lassen sich gerne bestechen und jagen Geschenken nach. Sie verschaffen den Waisen kein Recht, die Sache der Witwen gelangt nicht vor sie*« (Jes 1,23, vgl. Jer 7,9ff, 22,3). Ezechiel hält der Stadt Jerusalem die Zehn Gebote als Negativfolie vor und klagt: »*Bei dir lässt man sich erpressen und vergießt dadurch Blut. Du nimmst Zins und treibst Wucher und erpresst deinen Nächsten*« (Ez 22,12).

Das Gebot »Du sollst nicht stehlen« ist also nicht Ausdruck eines Abwehrrechtes gegen illegale Übergriffe, sondern Ausdruck einer Solidarethik, die aktiv die Welt unter der Perspektive der von Gott geschenkten Freiheit gestaltet. Die leitende Perspektive ist, alle angemessen an »Feigenbaum und Weinstock« zu beteiligen, dafür zu sorgen, dass keiner aus der Gesellschaft herausfällt.

Das Diebstahlsverbot heute

Der Politikwissenschaftler *Iring Fetscher* hat auf die Frage nach der heutigen Bedeutung des siebten Gebots geantwortet: »Du sollst nicht stehlen! – Das heißt doch im Grunde: Du sollst nicht die Lebensmöglichkeiten Deines Mitmenschen (sei es eines gegenwärtigen, sei es auch eines zukünftigen) durch dein egoistisches Verhalten schmälern«.

Das Diebstahlsverbot bedeutet demnach für mich zweierlei – auf heute und auf die Zukunft bezogen:

1. Es fordert gegenwärtig den Schutz der Grundversorgung für alle Menschen. Weltweit gesprochen heißt das: die Industrienationen dürfen nicht

auf Kosten ärmerer Länder leben. Im Hinblick auf aktuelle bioethische Diskussionen provoziert es die Frage: Müssen wir nicht zunächst die medizinische Grundversorgung *aller* Menschen sichern, bevor wir Forschungs- und Finanzkapazitäten in Behandlungsmethoden stecken, die nur wenigen Reichen zugute kommen?

Ebenso ist es wichtig, auf eine Eigentumsverteilung hinzuarbeiten, an der alle gerecht beteiligt sind – auch so genannte Problemgruppen wie Arbeitslose, Alleinerziehende und Familien, die in der bundesdeutschen Gesellschaft überproportional von Armut betroffen sind. »Du sollst nicht stehlen!« meint dann, eine Ordnung einzufordern, in der alle ihre Beteiligungsrechte wahrnehmen können, weil alle ihren Beteiligungspflichten nachkommen. Wo die Grundversorgung fehlt, besteht die Pflicht zur Unterstützung der Armen. Dies hält auch das Grundgesetz fest, wenn es nicht nur vom Recht auf Eigentum, sondern auch von der Sozialpflichtigkeit des Eigentums spricht (Artikel 14, Abs. 2). Auch die Bibel mahnt zu sozialem Verhalten: *»Wenn dein Bruder verarmt und sich neben dir nicht halten kann, sollst du ihn, auch einen Fremden oder Halbbürger, unterstützen, damit er neben dir leben kann«* (Lev 25,35).

2. Wir alle müssen dafür Sorge tragen, dass auch zukünftige Generationen noch gut in dieser Schöpfung leben können. Wir dürfen sie nicht durch schonungslosen Umgang mit den natürlichen Ressourcen ihrer Lebensgrundlagen berauben. Ein wichtiger Impuls wurde 1992 in Rio de Janeiro auf der Konferenz der Vereinten Nationen für Umwelt und Entwicklung mit der Agenda 21 gegeben. »Nachhaltige Entwicklung« wurde zu einem wichtigen weltpolitischen Leitbild. Das bedeutet, dass ökologische Tragfähigkeit, soziale Gerechtigkeit und wirtschaftliche Effizienz voneinander abhängig sind und nur gemeinsam verwirklicht werden können. Konkret heißt das, nicht mehr Ressourcen zu verbrauchen als die Regenerationsfähigkeit erlaubt bzw. ökonomisch gesprochen: »von den Zinsen zu leben,

nicht vom Kapital«. Um dieses Nachhaltigkeitsprinzip zu verwirklichen, sind nicht allein rechtliche Verordnungen »von oben« wichtig, sondern vor allem Initiativen »von unten«: unternehmerische Initiativen, Diskussionsforen in Gemeinden, Gruppen und Verbänden, um sich über die Umsetzungsmöglichkeiten vor Ort zu verständigen. »Du sollst nicht stehlen!« bedeutet für mich eine Mahnung, den eigenen Lebensstil zu überprüfen, Selbstbegrenzung und Maß einzuüben und Sensibilität für das Schöne zu entwickeln.

Das Gebot »Du sollst nicht stehlen« ist zwar uralt, aber es hat nichts von seiner Aktualität verloren. Es kann für uns so etwas wie einen »Cantus firmus« bilden, einen Grundton, eine feststehende Melodie, die dem Ideal einer gerechten Ordnung ein Gerüst gibt. Freilich muss sie auf allen Spielfeldern gesellschaftlichen Zusammenlebens immer neu interpretiert und konkret umgesetzt werden.

Um die Verwirklichung einer gerechten Ordnung, wie sie das siebte Gebot einfordert, muss sicherlich viel gerungen und gestritten werden. Dies ist die eigentliche Arbeit. Kraft gibt eine Vision. Beim Propheten Sacharja findet sich ein Traum über die messianische Zeit, der von Frieden und Zufriedenheit aller spricht. Von ihm her sind wir aufgerufen, die Gegenwart zu verändern: *»An jenem Tag – Spruch des Herrn – werdet ihr einander einladen unter Weinstock und Feigenbaum«* (Sach 3,10).

Warum sind die Zehn Gebote im Singular gehalten?
So dass jeder Einzelne sich sagen muss: »Mir sind sie befohlen worden.
Meinetwegen ist die Tora gegeben worden, damit ich sie erfülle.«
Er sage nicht: »Es genügt, wenn die Welt – ohne mich –
die Zehn Gebote hält.«

Jüdische Auslegung im Midrasch Lekach tow,
zitiert nach: **J.J. Petuchowski**, Die Stimme vom Sinai, Freiburg 1981, S. 18

Bibelarbeit

1. Auf den Bibeltext zugehen [→•]

1. Auf einem Plakat steht groß der Satz »Du sollst nicht stehlen«. Wie bei einem Kreuzworträtsel schreiben die Teilnehmer/innen (TN) ihre Assoziationen (einzelne Worte, kurze Sätze) an die Buchstaben des Satzes heran.
   Alternativen:
2. Gespräch zu den Fragen:
   - Welche Erfahrungen habe ich mit diesem Satz?
   - Wieviel bedeutet mir dieses Gebot?
3. Die TN stehen im Raum und schließen die Augen. Der/die Leiter/in (L) nennt einzelne Motive, zu denen die TN Körperhaltungen einnehmen: Dieb, bestohlen werden, Sicherheit, Unsicherheit, Freiheit, festen Boden haben, bodenlos sein. Anschließend Austausch über die Erfahrungen bei der Körperübung.
4. Die greifende Hand aus einem Bild von Keith Haring (S.105) wird groß fotokopiert oder auf ein Plakat nachgezeichnet. Die TN ergänzen den Freiraum zu der Frage »Wo wird heute gestohlen?«, indem sie zeichnen, schreiben oder aus Zeitungsausschnitten eine Collage gestalten.

2. Dem Bibeltext begegnen [→←]

1. L gibt eine kurze Einführung in das Diebstahlverbot (Stellung innerhalb der Zehn Gebote, Adressat, sozialkritische Dimension, Ziel und Sinnspitze des Gebots).

2. Anschließend Gespräch über die Frage: Welche Grundwerte will das Diebstahlverbot schützen?

3. Mit dem Bibeltext weitergehen [•→]

1. Auf einem Plakat steht der Satz »Du sollst nicht stehlen! Das heißt doch im Grunde...« Die TN schreiben ihre Satzergänzungen zunächst für sich auf einen Zettel. Im Plenumsgespräch tauschen sie sich aus und legen ihre Ergänzungen zu dem Satz in die Mitte. Anschließend können sich die TN darüber austauschen, wo sie dieses Gebot im Alltag konkret umsetzen können.
2. Das folgende Gedicht wird vorgelesen:

Du wirst nicht stehlen.
Was heißt das?

Wenn du dem Gott,
der dich frei macht,
traust,
wirst du deinem Nächsten
den Boden,
auf dem er steht
und sich bewegt,
nicht entziehen.

Du wirst ihm
einen Stand bieten
und ein Halt sein,
wenn sein Weitergang gefährdet ist.

Du wirst ein Auge
auf ihn haben,
dass sich niemand
an ihm bereichert.

Du wirst ihm das,
was er zum Leben braucht,
gönnen und ihm
im gegebenen Fall helfen,
es zu beschaffen.

Du wirst bereit sein,
mit ihm dein Leben
und das, worauf es gründet,
zu teilen.

Wolfgang Dietrich

Falsche Spiele werden betrieben.
Schwarze Kassen beschaffen Macht.
Der umjubelte Sieg ist vorgespiegelt.

Junge Körper hat man mit Dopinggaben
ruiniert. Bereiche der Wirtschaft
werden mafiös korrumpiert. Die Lüge blüht.

Gutachten reden wissenschaftlich begründet
zum Mund. Der »sichere« Industriebezirk
verzehnfacht die Kindersterblichkeitsrate.

Gerechtigkeit soll fließen wie ein Strom.
Redet den klaren Text. Pflanzt Oasen der
Wahrheit an inmitten von Wüsten der Lüge.

Du sollst nicht falsch gegen deinen Nächsten aussagen. (EÜ)

Aussage nicht gegen deinen Genossen als Lügenzeuge. (Buber)

Du sollst nicht falsch Zeugnis reden wider deinen Nächsten. (Luther)

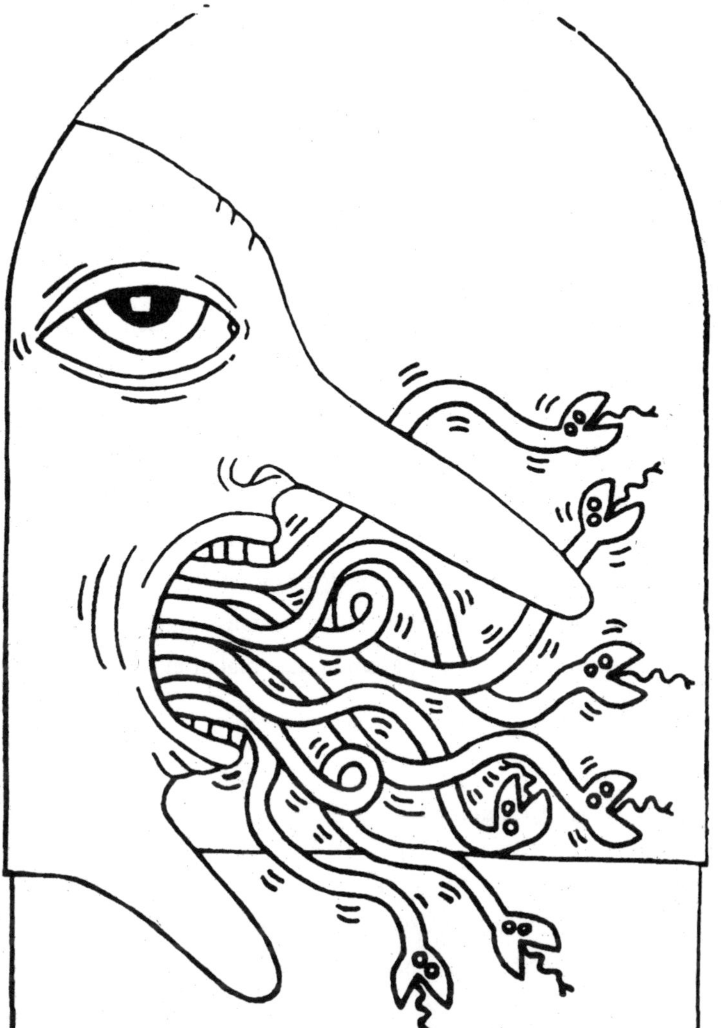

Franz-Josef Ortkemper

Du sollst nicht falsch gegen deinen Nächsten aussagen

Wahrheit und Vertrauen

Meine Kinderbeichten (und das war damals alle vier Wochen) endeten meist: »Ich habe genascht, ich habe gelogen.« Bis heute habe ich das behalten. Und ich weiß auch noch, warum das so war: Das Schlimmste sagte man am Anfang, um dann mit etwas Harmloserem zu schließen. So jedenfalls dachte ich damals. – Geht es beim Lügen wirklich um Harmlosigkeiten? Mal eine kleine Notlüge – vielen erscheint das als Kavaliersdelikt. Ist es das wirklich? Geht es hier nicht um etwas ganz Entscheidendes: das Vertrauen unter Menschen? Wenn ich heute Kinderbeichten höre, gehe ich auf diesen Punkt immer ein und versuche den Kindern klarzumachen, dass es um das Vertrauen geht, das andere in uns setzen können. Offen und vertrauensvoll miteinander leben können, das macht ein wichtiges Stück Lebensqualität aus.

Die biblischen Grundlagen

Das achte Gebot hatte ursprünglich eine ganz spezielle Bedeutung. Es ging um die falsche Aussage vor Gericht. Im Prozessrecht der alttestamentlichen Zeit spielten Indizien nur eine geringe Rolle. Entscheidend war die Zeugenaussage; eine lückenhafte oder unwahre Aussage vor Gericht konnte das Leben des anderen, die Würde des anderen zerstören. Durch die übereinstimmende Aussage zweier oder mehrerer Zeugen galt der Angeklagte als überführt. *»Wenn es um ein Verbrechen oder ein Vergehen geht, darf ein einzelner Belastungszeuge nicht Recht bekommen, welches Vergehen auch immer der Angeklagte begangen hat. Erst auf die Aussage von zwei oder drei Zeugen darf eine Sache Recht bekommen«* (Dtn 19,15). Welche Gefahren hier (bis heute!) lauern, zeigt ein Blick auf Ex 23,1-3: *»Du sollst kein leeres Gerücht verbreiten. Biete deine Hand nicht dem, der Unrecht hat, indem du als falscher Zeuge auftrittst. Du sollst dich nicht der Mehrheit anschließen, wenn sie im Unrecht ist, und sollst in einem Rechtsverfahren nicht so aussagen, dass du dich der Mehrheit fügst und das Recht beugst. Du sollst auch den Geringen in seinem Rechtsstreit nicht begünstigen«*.

Das achte Gebot setzt eine klare eindeutige Grenze, und das war damals offensichtlich nötig.

Übrigens findet sich schon in der berühmtesten und wohl auch am weitesten verbreiteten Gesetzessammlung des Vorderen Orients, dem so genannten »Codex Hammurapi« (18. Jh. v. Chr.) eine ganz ähnliche grundlegende Aussage:

§ 1: *Wenn ein Mann einen anderen beschuldigt und den Verdacht der Mordschuld auf ihn gelenkt hat, es aber nicht beweist, so wird der, der ihn beschuldigt hat, getötet.*

§ 3: *Wenn ein Mann vor Gericht mit einer falschen Zeugenaussage auftritt und die Worte, die er aussagt, nicht beweist, so wird dieser Mann, sofern es sich um einen Prozess um Leben und Tod handelt, getötet.*

Das steht betont am Anfang und zeigt, für wie grundlegend man schon immer die Lebenswürde des Mitmenschen erachtet hat, dessen Ruf und Leben nicht leichtfertig aufs Spiel gesetzt werden dürfen. Auch das Alte Testament setzt sich erstaunlich häufig mit dieser Problematik auseinander (vgl. neben den beiden Fassungen der Zehn Gebote und den oben schon genannten Stellen auch noch: Dtn 19,16-20; vgl. auch die häufigen Warnungen der Propheten vor Falschaussage und Rechtsverdrehung, z. B. Mi 3,9-11; Am 5,7.10; Jes 1,23; später dann Koh 3,16; 5,7).

Dem Alten Testament ist sehr bewusst, was alles Menschen im privaten Miteinander durch Lüge und Falschaussage anrichten und zerstören können. Als Beispiel stehe ein Abschnitt aus Ps 12: »*Sie lügen einander an, einer den andern, mit falscher Zunge und zwiespältigem Herzen reden sie. Sie sagen: Durch unsere Zunge sind wir mächtig; unsere Lippen sind unsere Stärke. Wer ist uns überlegen?*« (Ps 12,3.5). Der Psalm sagt auch deutlich, wie die Betroffenen an solcher üblen Nachrede zugrunde gehen: »*Die Schwachen werden unterdrückt, die Armen seufzen*« (Ps 12,6; vgl. auch Ps 15,2-3; 52,4-6; 120,2-3).

Besonders eindrucksvoll ist der Abschnitt über die zerstörerische Macht menschlichen Redens und Verleumdens in Jak 3,4-11:

»*Denkt an die Schiffe: Sie sind groß und werden von starken Winden getrieben, und doch lenkt sie der Steuermann mit einem ganz kleinen Steuer, wohin er will. So ist auch die Zunge nur ein kleines Körperglied und rühmt sich doch großer Dinge. Und wie klein kann ein Feuer sein, das einen großen Wald in Brand steckt. Auch die Zunge ist ein Feuer, eine Welt voll Ungerechtigkeit. Die Zunge ist der Teil, der den ganzen Menschen verdirbt und das Rad des Lebens in Brand setzt... Denn jede Art von Tieren...lässt sich zähmen und ist vom Menschen auch gezähmt worden; doch die Zunge kann kein Mensch zähmen, dieses ruhelose Übel, voll von tödlichem Gift. Mit ihr preisen wir den Herrn und Vater und mit ihr verfluchen wir die Menschen, die als Abbild Gottes erschaffen sind. Aus ein und demselben Mund kommen Segen und Fluch. Meine Brüder, so darf es nicht sein. Lässt etwa eine Quelle aus derselben Öffnung süßes und bitteres Wasser hervorsprudeln?*«

Die Würde des Mitmenschen

Beim achten Gebot geht es um alles andere als um Bagatellen. Dieses Gebot schützt ganz wichtige menschliche Grundwerte, es geht um die Würde, um das Selbstwertgefühl und die soziale Stellung des Mitmenschen, die man nicht leichthin gefährden darf. Denkt man die positive Zielrichtung dieses Gebotes weiter, verbietet es nicht nur die ausdrückliche Lüge oder das Verbreiten von falschen Gerüchten über andere. Es gibt auch die vernichtende Wahrheit, welche die Ehre des anderen zerstören kann. Das Gebot verlangt, was heute ganz selten geworden ist: die Tugend der Diskretion. Man muss nicht alles weitersagen, was man über andere weiß, zumal dann, wenn es negativ ist. Erst recht darf man nicht weitersagen, was andere einem anvertrauen. Allerdings, in unserer geschwätzigen Zeit scheint die Tugend der Verschwiegenheit fast verschwunden zu sein – und doch wäre sie so wichtig! Es geht schließlich um die Möglichkeit des Vertrauens unter Menschen.

Das gilt nicht nur im privaten Bereich. Es gilt auch in der Öffentlichkeit. In unserer heutigen Mediengesellschaft mit ihrem Zwang, immer Neues unter die Leute zu bringen, Quote zu machen, wird die Menschenwürde oft mit Füßen getreten. Auf der einen Seite ist es sicher richtig, wenn die politisch und wirtschaftlich Mächtigen sich öffentlicher Kontrolle stellen müssen. Hier haben die Medien eine wichtige gesellschaftliche Aufgabe. Aber warum ist es notwendig, private und beschämende Seitensprünge vor einem Millionenpublikum auszubreiten? Der Bedarf an kurzlebigen Sensationen wird offenbar immer größer und Menschen verlieren (im wahrsten Sinne des Wortes) ihr Gesicht. Man kann bezweifeln, ob das Rad noch zurückzudrehen ist. Doch kann der Einspruch gegen diese Art des würdelosen Journalismus nicht eindeutig genug sein.

Eine Geschichte vom alten Sokrates

Bei der Jahrestagung eines großen katholischen Verbandes habe ich vor einigen Jahren einen Vortrag über die Zehn Gebote gehalten und dabei auch die berühmte Geschichte von den drei Sieben erzählt. Die geht so:

Zu Sokrates, dem großen alten griechischen Philosophen, kommt eines Tages ganz aufgeregt ein Freund gelaufen: Du, Sokrates, ich muss dir etwas Wichtiges über deinen Freund erzählen! Sokrates fällt ihm sofort ins Wort: Halt, halt, was willst du mir da erzählen? Hast du es schon durch die drei Siebe geschüttelt? Der andere, ganz erstaunt: Die drei Siebe, welche Siebe? Ja, sagt Sokrates, das erste Sieb ist das Sieb der Wahrheit. Hast du, was du mir da erzählen willst, geprüft, ob es wahr sei? Der andere: Das habe ich nun gerade nicht getan. Ich hörte es erzählen... Dann lass uns auch das zweite Sieb noch ausprobieren, sagt Sokrates, es ist das Sieb der Güte. Ist das, was du mir erzählen willst, wenigstens gut? Ach, sagt der andere, gut ist es nun gerade nicht. Im Gegenteil... Nun, sagt Sokrates, dann lass uns noch das dritte Sieb ausprobieren. Es ist das Sieb der Notwendigkeit. Ist es denn so wichtig, dass ich's erfahre? Ach, sagt der andere, das ist es nun gerade nicht. – So, sagt Sokrates, wenn das, was du mir da erzählen willst, weder gesicherte Wahrheit ist und schon gar nicht gut, und wenn es noch nicht einmal wichtig ist, dass ich's erfahre, so wollen wir's begraben und uns nicht weiter damit belasten.

Und nun kommt der Clou: Ein Jahr später, auf der Nachfolgetagung, sprach mich eine Bekannte an, die diese Geschichte offenbar sehr beeindruckt hatte. Sie sagte: Was hast du uns da letztes Jahr für einen Unsinn erzählt! Wir haben das mit den drei Sieben in unserer Familie mal ausprobiert. Wir hatten uns nichts mehr zu sagen.

Ist es wahr?

Manchmal ist es geradezu lustig, doch öfter sehr bedrückend, zu beobachten, wie Gerüchte entstehen. Man schnappt irgend etwas auf, denkt sich noch einen kleinen Teil dazu, spitzt das, was man gehört hat, an einer kleinen pikanten Stelle ein bisschen an, man unterschiebt dem anderen Motive, die er gar nicht hat, man fängt an, sein Verhalten zu interpretieren (warum hat er an der oder jener Stelle gelächelt?) – und schon kann ein neues Gerücht auf die Reise gehen. Und der, den es betrifft, kann sich meist überhaupt nicht dagegen wehren. Eine bittere Erfahrung ist das, wenn man selber mal Opfer der Gerüchteschmiede geworden ist: Man ist solchem Gerede zunächst ziemlich hilflos ausgesetzt.

Man kann mit allem Schindluder treiben, auch mit der Wahrheit. Neulich hörte ich von Kursen für Führungskräfte, bei denen eine Übung darin besteht, dem anderen ungeschminkt zu sagen, was man über ihn denkt. Aber auch im privaten Verhalten kann es solch liebloses Umgehen mit der Wahrheit geben. Nun will ich Ihnen mal ganz ehrlich und ungeschminkt die Wahrheit sagen, sagt einer zum anderen, und der andere ist am Ende restlos am Boden zerstört. Und der das angerichtet hat, hat dazu noch das wunderbare Gefühl, total aufrichtig und ehrlich gewesen zu sein. Hier sei noch einmal daran erinnert, dass das achte Gebot den Ruf und die Ehre des Menschen schützen will.

Eine Lehrerin, die jahrelang an einer Schule für geistig Behinderte gearbeitet hatte und dann an eine normale Grundschule versetzt wurde, sagte mir nach einigen Jahren: Inzwischen frage ich mich, wer eigentlich behindert ist. Ich habe mich an der Grundschule anfangs unglaublich schwer getan. Von den geistig Behinderten war ich gewohnt, dass sie sich nicht verstellen können, sondern sich so geben, wie sie sind, ihre Gefühle unbefangen zeigen. Wer ist hier eigentlich behindert? In Andersens schönem Märchen »Des Kaisers neue Kleider« ist es schließlich ein Kind, das als einziges die Wahrheit sagt: »Aber er hat ja gar nichts an«. Hier wäre auch über die Masken nachzudenken, die wir uns im Lauf des Lebens zugelegt haben und darüber, warum wir das scheinbar für notwendig halten.

Ist es gut?

Es ist erstaunlich, mit welchem Behagen Menschen Schlechtes über andere erzählen. Schon Martin Luther wundert sich in seinem Großen

Katechismus sehr darüber: »Denn es ist eine gemeine schädliche Plage, dass jedermann lieber Böses denn Gutes von dem Nächsten höret sagen. Und wiewohl wir selbst... nicht leiden können, dass uns jemand ein böses Stück nachsagt, sondern jeglicher gerne wollte, dass alle Welt Güldenes von ihm redet: Doch können wir nicht hören, dass man das Beste vom anderen sage«. Dem ist wenig hinzuzufügen, außer vielleicht der Tipp: Manchmal tut es gut, dem Klatsch über andere gegenzusteuern, dem Erzählen des Schlechten ein bewusstes Erzählen des Guten entgegenzusetzen.

Ist es wichtig?

Sokrates fragt seinen Gesprächspartner, ob er die angeblich so sensationelle Nachricht denn überhaupt wissen müsse. Er will ihm klarmachen: Du willst mir das doch bloß erzählen, um dich interessant zu machen auf Kosten eines anderen. Also lass es besser bleiben. Vielleicht lohnt es sich, einen Augenblick darüber nachzudenken, warum wir lügen bzw. so gerne über andere Nachteiliges weitererzählen. Wollen wir uns interessant machen, wichtig tun, selber in hellerem Licht erscheinen, wollen wir Konkurrenten schwächen oder ausschalten, wollen wir Schaden von uns fernhalten, Verantwortung abschieben, haben wir Angst, fühlen wir uns in die Enge getrieben? Eine selbstkritische Besinnung über diese Fragen täte uns von Zeit zu Zeit gut.

Wahrheit und Liebe

Der große Königsberger Philosoph Immanuel Kant hat es kategorisch abgelehnt, aus Menschenliebe zu lügen. Doch kann es Situationen geben, in denen es geboten oder erlaubt ist, die Wahrheit zu verschweigen. Immerhin war es Dietrich Bonhoeffer, der in seiner Ethik schreibt: »Wahrhaftigkeit heißt nicht, dass alles, was ist, aufgedeckt wird. Gott selbst hat den Menschen Kleider gemacht« (vgl. Gen 3,21). Hier gibt es eine feine Grenzlinie zwischen Opportunismus und feiger Anpassung auf der einen und trostloser Prinzipienreiterei auf der anderen Seite.

Die alttestamentliche Überlieferung hat das Verbot des falschen Zeugnisses in das Verzeichnis der zehn elementarsten Grundwerte aufgenommen. Hier geht es nicht um Kleinigkeiten, denn ein wichtiger Grundwert steht auf dem Spiel: das Vertrauen unter Menschen. Zwei Einsichten aus der jüdischen Tradition seien an den Schluss gestellt. Im Talmud heißt es: »Die Strafe des Lügners ist, dass man ihm, auch wenn er die Wahrheit sagt, nicht glaubt« (Sanhedrin 89b). Ein weiteres Wort aus dem Talmud: »Wer die Heiligtümer entweiht« und »wer seines Nebenmenschen Angesicht öffentlich beschämt, hat keinen Anteil am künftigen Leben« (Pirke Abot III 15).

»Man hat uns Juden aus dem Jakobsbetrug und den anderen genannten Betrugsgeschichten der Bibel immer wieder einen Strick gedreht, als sei in unserer Religion die Lüge erlaubt,... Man hat ein Feindbild vom unehrlichen und betrügerischen Schacherjuden entworfen, der die Menschen übers Ohr haut,... Unehrliche christliche Kaufleute nannte man 'weiße Juden'... Man kann bei diesem eingefrästen Vorurteil eines ganzen Kulturkreises von einer strukturellen Lüge reden. Juden sind so ehrlich und so unehrlich wie Christen auch... Sicher mussten wir in jahrtausendelangen Verfolgungen oft kuschen. Verfolgte passen sich gerne an, um zu überleben. Wir haben uns zwar biegen, aber nie verbiegen lassen und sind uns treu geblieben.«

(Rabbiner Marc Stern, in: ders./H.G.Pöhlmann, Die Zehn Gebote im jüdisch-christlichen Dialog, Frankfurt a.M. 2000, S. 186)

Bibelarbeit

1. Auf den Bibeltext zugehen

Rollenspiel: Das Lügennetz

Jede/r Teilnehmer/in (TN) erhält mehrere Zettel. In Einzelarbeit schreiben die TN Notlügen, Ausreden und »Lebenslügen« auf, wie sie ihnen einfallen. Anschließend stellt sich die Gruppe in einen offenen Kreis. Ein TN stellt sich in die Mitte. Die einzelnen Zettel werden vorgelesen. Mit langen Wollfäden (für jede Lüge einen) wird über die Person in der Mitte ein Netz gespannt. Anschließend äußern sich die TN: Welche Gefühle sind in mir aufgekommen?

2. Dem Bibeltext begegnen

1. Der/Die Leiter/in (L) gibt zunächst eine kurze Einführung in das alttestamentliche Verständnis des Gebotes. Dabei könnte man für die TN die oben zitierten Texte aus dem Alten Testament und dem Codex Hammurapi kopieren.
2. Anschließend Austausch über die Frage:
   - Was mögen die Gründe sein, dass dieses Gebot in das Verzeichnis der zehn elementarsten Grundwerte aufgenommen wurde und im Codex Hammurapi sogar an allererster Stelle steht?
3. Einzelarbeit: TN notieren auf Zetteln, welche menschlichen Grundwerte dieses Gebot schützen will.
4. Anschließend Zusammentragen der Ergebnisse und Gespräch in der Gruppe. Neuer Frageimpuls: Wie könnte man Kinder motivieren, wahrhaftig zu sein?

3. Mit dem Bibeltext weitergehen

L liest zum Abschluss die Geschichte von den drei Sieben vor (S. 121). Falls noch Zeit bleibt, könnte man die drei Siebe im Einzelnen noch ein wenig ansehen.

Ein Vollendeter meidet Lüge, redet die Wahrheit, ist ehrlich, vertrauenswürdig und täuscht niemanden in der Welt. Er meidet üble Nachrede. Was er hier gehört hat, erzählt er dort nicht weiter, um jene zu entzweien; was er dort gehört hat, erzählt er hier nicht weiter, um diese zu entzweien; vielmehr einigt er die Entzweiten, festigt die Verbundenen, erfreut sich an Eintracht, spricht Eintracht fördernde Worte. Er meidet rohe Rede, er spricht nur untadelige Worte, die dem Ohre wohltun, liebenswürdige, zu Herzen gehende, gesittete, die jedermann erfreuen. Er meidet leeres Geschwätz, er spricht nur zur rechten Zeit, den Tatsachen gemäß, dem Zweck entsprechend. Die Worte, die er spricht, sind wert, behalten zu werden, sie sind, wo es darauf ankommt, bilderreich, fein unterscheidend, sinngemäß. (Buddha)

Als sei da eine krallende
Hand. Als herrsche ein Geist
des Bereicherns.

Als regiere die Unersättlichkeit.
Und die Kluft zu den Armen
wird größer.

Als schaufle sich jeder Gewinne
zu. Und verarme an Fülle
des Lebens.

Als sei man im Kerker des
Habens verrannt. Und bedarf
der Befreiung des Anfangs.

*Und du sollst nicht Gelüste tragen nach dem Weibe deines Nächsten,
und sollst nicht begehren nach dem Hause deines Nächsten,
seinem Felde und seinem Knecht und seiner Magd, seinem Ochsen und seinem Esel
und allem, was deines Nächsten ist. (Zunz)*

*Du sollst nicht versuchen, die Frau deines Mitmenschen an dich zu bringen.
Du sollst überhaupt nichts begehren, was deinem Mitmenschen gehört: sein Haus
und seinen Grundbesitz, seinen Sklaven, sein Rind, seinen Esel
oder sonst irgendetwas, was deinem Mitmenschen gehört. (Gute Nachricht Bibel)*

Hans-Joachim Remmert

Du sollst nicht begehren

Brief an meinen Sohn Hannes

Lieber Hannes,

du bist zwar erst drei Jahre alt, aber immer wieder mache ich mir Gedanken darüber, wie du dein Leben erleben wirst, was für Chancen und Möglichkeiten sich dir öffnen werden, was dir wichtig und kostbar sein wird, wofür du Liebe und Leidenschaft empfinden wirst. Vor allem frage ich mich oft, was ich dir als dein Vater auf diesen Weg mitgeben kann.

Deshalb erlaube mir, dass ich dir diese Zeilen widme, in denen ich mich mit den Zehn Geboten, insbesondere mit deren letztem auseinandersetzen möchte. Der so genannte Dekalog bedeutet ja den meisten Menschen unserer Zeit nicht mehr viel. Immer mehr Menschen glauben nicht mehr an Gott und interessieren sich wenig für die Bibel. Selbst viele gläubige Menschen empfinden die Zehn Gebote als längst überholte Relikte einer Zeit, die mit der unsrigen nichts zu tun hat. Manche haben die Zehn Gebote in der Schule noch auswendig gepaukt. Aber wen interessiert, was dahinter steckt?

Und das Begehrensverbot, welches da lautet *»Du sollst nicht nach der Frau deines Nächsten verlangen und du sollst nicht das Haus deines Nächsten begehren, nicht sein Feld, seinen Sklaven oder seine Sklavin, sein Rind oder seinen Esel, nichts, was deinem Nächsten gehört«* (Dtn 5,21) – na, seien wir doch ehrlich, das wird selbst von denjenigen, die die Zehn Gebote noch interessieren, eher als unnötiges Anhängsel empfunden, schließlich verbietet ja schon das sechste Gebot den Ehebruch und das siebte den Diebstahl. Wozu ist dieses Gebot überhaupt noch notwendig?

Mein lieber Sohn, warum schreibe ich dir das? Weil ich es anders erlebe als viele meiner Zeitgenossen, weil mir der Dekalog sehr viel bedeutet, insbesondere das Begehrensverbot. Vielleicht kann ich dir mit diesen Zeilen verdeutlichen, was mich daran bewegt.

Die Freiheit bewahren, die Gott uns zugedacht hat

Lange Zeit habe ich mit den Zehn Geboten selbst nicht viel anzufangen gewusst. Ich habe sie in der Schule gelernt, mir aber über ihren Inhalt nicht viele Gedanken gemacht. Manches leuchtete mir schnell ein (z.B. das Tötungsverbot); anderes habe ich zunächst nicht verstanden (z.B. das Bilderverbot); wieder anderes (wie z.B. das so genannte »Lügeverbot«) erlebte ich in der Praxis ständig durchbrochen. Tagtäglich begegnen einem ja so viele Lügen. Und wieder andere Gebote – so auch das Begehrensverbot – habe ich schlichtweg vergessen. So richtig verstanden habe ich die Zehn Gebote erst an der Universität, als mir ein Lehrer deutlich machte, dass man die Gebote von ihrem Anfang her verstehen muss: *»Ich bin Jahwe, dein Gott, der dich aus Ägypten geführt hat, aus dem Sklavenhaus.«* Das sind nicht irgendwelche willkürlichen Regeln, sondern es sind die Gebote dessen, der sein Volk befreit hat, dem die Freiheit der Menschen am Herzen liegt. Hier wurde es für mich spannend. Gott will meine Freiheit, und er gibt uns Regeln, damit diese Freiheit nicht zerstört, sondern erhalten wird.

Ich glaube, dass es nichts Kostbareres gibt als Freiheit: Sich frei bewegen dürfen, fremde Menschen und Länder kennen lernen, sich frei entfalten dürfen und Gedanken und Vorstellungen in Freiheit äußern dürfen und nicht von Vorurteilen und Ideologien eingegrenzt werden. Dabei gibt es zahllose Gefängnisse in unserer Welt, die Menschen lähmen, sie klein machen und daran hindern, groß zu werden. Nicht zu vergessen die materiellen Formen von Unterdrückung und Ausbeutung, die Menschen ihrer

Lebensräume berauben, in denen sie sich hätten entfalten können. Freiheit ist etwas, was wir uns nicht einfach selbst schaffen können, sondern Chance und Möglichkeit unserer Freiheit sind die anderen, die sie uns einräumen. Deshalb brauchen wir Regeln, Gebote zur Bewahrung der Freiheit, damit wir lernen, einander solche Freiräume zu erhalten und zu schenken.

Leben in Beziehungen – ein Fundament der Freiheit

Lass uns das am Begehrensverbot konkretisieren: »*Du sollst nicht nach der Frau deines Nächsten verlangen und du sollst nicht das Haus deines Nächsten begehren, nicht sein Feld, seinen Sklaven oder seine Sklavin, sein Rind oder seinen Esel, nichts, was deinem Nächsten gehört*« (Dtn 5,21). Das Gebot meint die Gesamtheit dessen, was einem Menschen gehört. Vielleicht stört es dich, dass auch die Frau zum Besitz gerechnet wird. Natürlich hast du recht, dass ich deine Mutter nicht einfach besitze. Dennoch kann ich sagen, dass sie zu mir gehört und ich zu ihr. Dem Gebot geht es auch gar nicht in erster Linie um eine Besitzstandsumschreibung, sondern um eine Beschreibung der Lebensgrundlage für die Freiheit des Menschen. Damit ein Mensch frei bleiben kann, braucht er Besitz, braucht er Arbeit, ja, braucht er eine Beziehung, auf die er sich verlassen kann. Ich bin nicht nur froh darüber, dass deine Mutter da ist; sie ist auch ein wichtiger Garant meiner Freiheit. Indem ich mich auf sie verlassen kann, indem ich ihre Geborgenheit und Liebe erfahren darf, erfahre ich schon Freiheit. Wie viele Menschen sind in ihrem Alleinsein, in ihrer Einsamkeit gefangen. Es ist eine unerschöpfliche Quelle der Freiheit, wenn man einen Menschen an seiner Seite weiß, der einen liebt, der bei einem bleibt durch die dunkelsten Täler des Lebens hindurch. Von daher verstehe ich gut, wenn der Deuteronomist in diesem Gebot die Frau an erster Stelle nennt. Auch für mich ist meine Frau, deine Mutter, das wichtigste Fundament meiner Freiheit.

Vielleicht wunderst du dich auch, dass hier von Sklaven die Rede ist. Widerspricht das nicht der von Gott gewollten Freiheit? *Martin Buber* übersetzt »Knechte und Mägde«. Das gefällt mir besser. Du wirst immer wieder in deinem Leben Menschen um dich haben, die dir untergeben sind, für die du als Dienstgeber, Vorgesetzter oder wie auch immer verantwortlich bist. Ob sie zu Sklaven werden oder nicht, hängt von der Art und Weise ab, wie du mit ihnen umgehst. Erst durch die Art und Weise, wie du Macht ausübst, kann sie zur Herrschaft werden. Macht kann sich andersherum auch in den Dienst der Freiheit stellen, indem du für die, über die du Macht hast, sorgst. So bin ich mir bewusst, dass auch ich Macht über dich habe. Ein Vater ist in dem Alter, in dem du bist, immer mächtiger als sein Sohn. Aber es ist eine Frage wie wir Erwachsenen, wie ich als Vater mit dieser Macht umgehe, ob ich dir Gefängnisse baue oder Freiräume schaffe und Möglichkeiten eröffne. Ich hoffe, das letztere!

Menschen auf legale Weise um ihre Freiheit bringen

Das Begehrensverbot sagt also aus, dass ein Mensch nichts von dem begehren soll, was dem anderen Garant seiner Freiheit ist. Das hebräische Wort *chamad*, das hier für »begehren« steht, meint nicht einfach nur das gedankliche Verlangen, das manchmal in uns Menschen steckt. Es geht nicht nur um den Wunsch, sondern den realen Übergriff auf das, was einen anderen Menschen frei macht. Es geht um alle Machenschaften, diese Wünsche in die Tat umzusetzen.

Aber ist dieses Gebot dann nicht unnötig? Geht es nicht dem Ehebruchs- und Diebstahlsgebot genau um dasselbe? Der Unterschied zum sechsten und siebten Gebot liegt darin, dass das Begehrensverbot nicht nur die illegalen Praktiken, sondern auch alle legalen Möglichkeiten und Handlungsweisen in den Blick nimmt, mit denen ich meinen Nächsten um die

Grundlagen seiner Freiheit bringen kann. So gab es zu Kriegszeiten immer schon die Situation, dass die daheim gebliebenen Männer die verheirateten Frauen begehrten, deren Männer im Krieg waren. Denke nur an David, der sich an Urijas Frau Batseba heranmacht und sie schwängert, ausgerechnet als dieser für ihn im Krieg kämpft (2 Sam 11). Anstatt das Unrecht, das er getan hat, einzugestehen, will er die Schwangerschaft zunächst Urija untermogeln und schickt ihn, als das nicht funktioniert, an eine Stelle der Kriegsfront, an der er zwangsläufig fallen muss. Alles spielt sich im legalen Handlungsbereichs eines Königs ab, und dennoch wird Urija die gesamte Grundlage seiner Lebensfreiheit genommen.

Beziehungen schützen – nicht nur von innen, auch von außen

Und heute? Manchmal stehe ich kopfschüttelnd davor, mit welcher Lockerheit Menschen in andere eheliche Beziehungen einbrechen. Und ich erlebe nur allzu oft, wie Menschen dadurch ins Unheil gestoßen werden. Erst heute habe ich von einer allein erziehenden Mutter in der Zeitung gelesen, die für ihre Familie den Beruf aufgegeben hat, von ihrem Mann mit einer anderen Frau verlassen wurde und nun mit ihren drei Kindern allein da steht. Sie muss nun von Sozialhilfe leben. Keiner kann das Verhalten des Mannes verbieten oder als illegal bezeichnen. Trotzdem werden Menschen der Grundlage ihrer Freiheit beraubt. Dabei fehlen oft nicht nur die materiellen Grundlagen. Manche Partner/innen finden nie wieder zu wirklicher innerer Freiheit, weil Vertrauen und Hoffnung in ihnen zerbrochen sind. Eine zerbrochene Ehe setzt auch den Kindern manchmal Grenzen, mit denen sie ihr Leben lang zu kämpfen haben.

Sicherlich, es gibt berechtigte Gründe, warum Ehen zerbrechen. Und es mag wohl Beziehungen geben, in denen die Trennung eher einen Akt der Freiheit bedeutet als das Zusammenbleiben. Das weiß ich wohl. Aber stell dir vor, deine Mutter und ich hätten eine Ehekrise. An solchen kommen auch wir nicht vorüber. Um eine solche Krise miteinander zu bewältigen, braucht man Zeit. Manchmal muss man auf mühsame Weise wieder lernen, miteinander zu reden, miteinander Zeit zu verbringen und zärtlich zu sein. Eine Krise hat ja auch damit zu tun, dass zwei Menschen merken, dass sie sich ändern und bewegen müssen, um wieder zueinander zu finden. Und solche Veränderungen kosten Mühe. Wenn dann eine oder einer käme, mich oder deine Mutter umwerben würde, mir oder ihr das geben würde, was man in Krisenzeiten ja meistens vermisst, Nähe und Zärtlichkeit, dann bestünde die Gefahr, dass wir unsere Beziehungsarbeit fallen lassen und uns in die neue Beziehung, die soviel einfacher scheint, hineinstürzen.

Will das Ehebruchsverbot uns beide daran hindern, uns selbst der Möglichkeit zu berauben, unsere Beziehung zu heilen, so will das Begehrensverbot andere daran hindern, in unsere Ehe einzubrechen. Das Gebot sagt den anderen: Auch wenn die beiden gerade in einer Krise sind, schütze ihre Beziehung, stell nicht dein Begehren in den Vordergrund, sondern erhalte den beiden und ihren Kindern die Möglichkeit zur Freiheit. Jetzt wird es manche geben, die dann schnell die neue Beziehung zur neuen Freiheit erheben. Mag das für den einen Partner vielleicht der Fall sein, so gilt das oftmals nicht für den anderen, oftmals nicht für die Kinder. Die neue Freiheit ist vielfach eine Freiheit auf Kosten der Freiheit anderer. Die Zehn Gebote haben aber keine einseitigen Freiheiten im Blick, sie wollen Freiheit für alle – und das ist keine leichte Aufgabe. Sie ist nur möglich, indem wir uns an diese Regeln halten und so Freiheit bewahren und ermöglichen.

Nicht nur eigenen Besitz, sondern auch den des anderen schützen!

Ich will dir aber noch einen anderen Bereich nennen, in dem es aus meiner Sicht wichtig ist, das Begehrensverbot ernst zu nehmen. In Ex 22,24ff heißt es: *»Leihst du einem aus meinem Volk, einem Armen, der neben dir wohnt, Geld, dann sollst du dich gegen ihn nicht wie ein Wucherer benehmen. Ihr sollt von ihm keinen Wucherzins fordern. Nimmst du von einem Mitbruder den Mantel zum Pfand, dann sollst du ihn bis Sonnenuntergang zurückgeben; denn es ist seine einzige Decke, der Mantel, mit dem er seinen bloßen Leib bedeckt. Worin soll er sonst schlafen? Wenn er zu mir schreit, höre ich es, denn ich habe Mitleid.«*

Das gibt es doch auch heute noch. Da leiht einer dem anderen etwas und legt ihm solche Zinslast auf, dass der andere nur im Unheil landen kann. Wie viele Bauern der so genannten Dritten Welt werden bis heute auf diese Weise um ihren ganzen Besitz gebracht? Sie brauchen Geräte und Saatgut, nehmen Schulden auf, eine schlechte Ernte kommt, sie können die Schulden nicht zurückzahlen, verschulden sich mehr und mehr und werden schließlich zu Sklaven der Großgrundbesitzer. Und bei uns: Werden nicht viele Geschäfte gemacht, bei denen der eine Geschäftspartner weiß, dass er den anderen damit ruinieren wird – mit ganz legalen Mitteln.

Vor ein paar Tagen war ich mit einer Gruppe aus unserer Gemeinde in meiner Lieblings-Trattoria, die von einer sympathischen sardischen Familie geführt wird. Seit über 10 Jahren sind sie in Deutschland und hatten sich durch hartes Arbeiten in ihrem kleinen Restaurant ein Guthaben erarbeitet, mit dem sie im vergangenen Winter nach Sardinien zurückkehren und eine kleine Pension aufbauen wollten. Eine Privatbank hat offensichtlich ihre mangelnden Sprachkenntnisse ausgenützt und sie mit legalen Mitteln um ihr gesamtes Guthaben gebracht. Der Traum von Freiheit in ihrer Heimat scheint zunächst ausgeträumt. Viele Menschen sagen heutzutage, wenn so etwas passiert: »Selbst schuld! Hätten sie doch die Verträge besser gelesen! Hätten sie auf das Kleingedruckte geachtet!« Das Begehrensverbot widerspricht dem und sagt: »Du darfst auch keine legalen Methoden anwenden, um deinen Nächsten um seine materiellen Grundlagen zu bringen. Du darfst nicht seine Unkenntnis oder seine Gutgläubigkeit ausnützen, um dir seinen Besitz anzueignen.« Nur so kann wirklich Freiheit entstehen, wenn wir nicht nur eigenen Besitz, sondern auch den des anderen schützen.

Wenn die Freiheit nur als Vision in unseren Herzen lebendig bliebe ...

Lieber Hannes, ich bin fest davon überzeugt, dass du immer dann, wenn du dich daran halten wirst, Menschen damit glücklich machst. Vorgestern habe ich eine Frau angerufen, die auf einer Rechnung einen Betrag vergessen hatte. Erstaunt sagte sie mir: »Die meisten rufen mich nur an, wenn sie sich über die Rechnung beschweren wollen.« Die Versuchung ist stark, großzügig den Vorteil der falschen Rechnungsstellung einzukassieren. Und ich gebe zu, ihr schon erlegen zu sein. Aber das Begehrensverbot ist ein spürbarer Stachel in meinem Gewissen – und das ist gut so. Das Gebot will, dass wir nicht unser Begehren und Verlangen, sondern die Ermöglichung und den Schutz der Freiheit des anderen in den Vordergrund stellen. Das ist oft nicht leicht, zumal wir uns dabei gelegentlich der eigenen Vorteile berauben. Aber glaube mir, wenn die Freiheit nur als Vision in unseren Herzen lebendig bliebe, sie würde uns weit mehr erfüllen als alles, was wir erreichen, indem wir rücksichtslos unserem Begehren folgen.

Vielleicht wirst du jetzt fragen: Lohnt es sich, dafür zu leben? Geht es nicht denen viel besser, die ohne Blick nach links und rechts nur nach dem eigenen Vorteil schauen? Ja, ich glaube, dass es sich dafür zu leben lohnt. Ich bin mir sicher, wenn die Tage meines Lebens zu Ende gehen werden, wird nicht mehr das zählen, was ich mir an Besitz und Reichtümern erobert habe. Die Freiheit, für die ich gelebt, die ich anderen ermöglicht habe, wird mehr wert sein. Ich wünsche mir, mein lieber Sohn, dass diese Freiheit, die uns Gott geschenkt, deren Bewahren er uns als Auftrag gegeben hat, auch der kostbarste Schatz in Deinem Leben sein möge, tief verankert im Fundament deines Herzens. *Dein Vater!*

Bibelarbeit

1. Auf den Bibeltext zugehen

1. Auf vier Plakaten stehen die Begriffe »Haben«, »Sein«, »Begehren«, »Freiheit«. Die Teilnehmer/innen (TN) kommunizieren schweigend miteinander, indem sie ihre Assoziationen zu den Begriffen und dem schon Geschriebenen auf die Plakate schreiben.
   Alternativen:
2. Die TN erhalten eine Folie, auf der oben »Begehren«, unten »Freiheit« steht. In Einzelarbeit setzen sie diese Begriffe für ihr eigenes Leben in Relation (durch Worte und Zeichen z.B. Pfeile, Symbole etc.):
   - Wie hängen für mich Freiheit und Begehren zusammen?
   - Gibt es Entsprechungen, Widersprüche, Verhältnislosigkeit etc.?

   Die TN stellen ihre Folien den anderen im Plenum vor.
3. Den TN wird die Geschichte von David und Batseba (2 Sam 11) nacherzählt. Dann werden drei biblische Figuren (Urija, David, Batseba) in die Mitte gestellt. Die TN drücken für die drei Figuren Empfindungen aus: »Ich, Batseba,...«

2. Dem Bibeltext begegnen

1. Lesen des Begehrensverbots (Dtn 5,21).
2. Den Text zunächst in der Stille wirken lassen.
3. Gedanken, Fragen, Assoziationen, Proteste, Zustimmung etc. zum Text äußern.
4. Exegetische Information durch den/die Leiter/in (L):
   - Siehe auch die Informationen, die im Artikel enthalten sind.

• »begehren« (*chamad*) – mehr als eine Gedankensünde – Beispiele: Ex 34,24 (Buber-Übersetzung: *»... und so wird niemand dein Land begehren, wann du hinaufziehst, dich sehn zu lassen IHM deinem Gott vorm Antlitz dreifach im Jahr«*); Mi 2,2

• Legale Praktiken, jemanden um seinen Besitz zu bringen – Beispiel: Ex 22,24ff – (evtl. mit aktuellen Beispielen illustrieren oder einem Textauszug aus L. Rinser, Grenzübergänge, Frankfurt 1977, 102-104)

5. Nochmaliges Lesen des Begehrensverbots
6. Rundgespräch:
   - Was nehme ich aus diesem Text für mein Leben mit?
   - Was bedeutet dieser Text für meine Lebensgestaltung?
7. Nochmaliges Lesen des Begehrensverbots
8. Stille

3. Mit dem Bibeltext weitergehen

1. Meditatives Lesen des Briefes – unter Umständen Auswahl von Textauszügen

   Alternativen:
2. Selbst einen Brief über das Begehrensverbot an jemand schreiben.
3. Mit Teelichtern Fürbitten für die Freiheit in der Welt formulieren – eine Gebetsmitte als Gebetsaltar für die Freiheit schaffen.
4. Rollenspiele mit Konfliktsituationen, die durch das Begehrensverbot tangiert sind, entwickeln und einander vorspielen.
5. Das deutsche Wort Freiheit kommt von der indogermanischen Wurzel »*prai*«, die »schützen, schonen« bedeutet. In der Mitte liegt ein große Plakat mit dem Wort »Freiheit«. Mit Tüchern, Zetteln, Symbolen bauen die TN einen Schutzraum für die Freiheit. Sie geben dem Schutzraum dabei die Namen, die er für sie trägt.

Der Text der Zehn Gebote – zweimal überliefert

Ex 20,2-17

2 Ich bin Jahwe, dein Gott, der ich dich herausgeführt habe aus dem Land Ägypten, aus dem Sklavenhaus.

3 Du sollst keine anderen Götter neben mir haben.

4 Du sollst dir kein Gottesbild **und** irgendeine Darstellung von etwas am Himmel droben und etwas auf der Erde unten und etwas im Wasser unterhalb der Erde machen.

5 Du sollst dich nicht vor ihnen niederwerfen, und du sollst ihnen nicht dienen, denn ich bin Jahwe, dein Gott, ein eifersüchtiger Gott, heimsuchend die Schuld der Väter an den Söhnen, an der dritten und an der vierten Generation bei denen, die mich hassen,

6 aber Gunst erweisend Tausenden, die mich lieben und **meine** Gebote bewahren.

7 Du sollst den Namen Jahwes, deines Gottes, nicht zum Trug aussprechen, denn Jahwe spricht den nicht frei, der seinen Namen zum Trug ausspricht.

8 **Gedenke** des Sabbattages, um ihn zu heiligen.

9 Sechs Tage sollst du arbeiten und all deine Arbeit tun.

10 Der siebte Tag aber ist Sabbat für Jahwe, deinen Gott. Du sollst keine Arbeit tun, du und dein Sohn und deine Tochter, dein Sklave und deine Sklavin und dein Vieh und dein Fremder innerhalb deiner Stadttore,

11 **denn in sechs Tagen hat Jahwe den Himmel und die Erde, das Meer und alles, was darin ist, gemacht. Aber er ruhte am siebten Tag. Deshalb hat Jahwe den Sabbattag gesegnet und ihn geheiligt.**

12 Ehre deinen Vater und deine Mutter, damit lang sein werden deine Tage auf dem Erdboden, den Jahwe, dein Gott, dir gibt.

13 Du sollst nicht morden.

14 Du sollst nicht ehebrechen.

15 Du sollst nicht stehlen.

16 Du sollst nicht aussagen gegen deinen Nächsten als **Zeuge der Lüge.**

17 Du sollst nicht begehren das **Haus** deines Nächsten. Du sollst nicht **begehren** die **Frau** deines Nächsten und seinen Sklavin und seine Sklavin **und** sein Rind und seinen Esel

und alles, was deinem Nächsten gehört.

Dtn 5,6-21

6 Ich bin Jahwe, dein Gott, der ich dich herausgeführt habe aus dem Land Ägypten, aus dem Sklavenhaus.

7 Du sollst keine anderen Götter neben mir haben.

8 Du sollst dir kein Gottesbild, irgendeine Darstellung von etwas am Himmel droben und etwas auf der Erde unten und etwas im Wasser unterhalb der Erde machen.

9 Du sollst dich nicht vor ihnen niederwerfen, und du sollst ihnen nicht dienen, denn ich bin Jahwe, dein Gott, ein eifersüchtiger Gott, heimsuchend die Schuld der Väter an den Söhnen **und** an der dritten und an der vierten Generation bei denen, die mich hassen,

10 aber Gunst erweisend Tausenden, die mich lieben und **seine** Gebote bewahren.

11 Du sollst den Namen Jahwes, deines Gottes, nicht zum Trug aussprechen, denn Jahwe spricht den nicht frei, der seinen Namen zum Trug ausspricht.

12 **Bewahre** den Sabbattag, um ihn zu heiligen, **wie dir geboten hat Jahwe, dein Gott.**

13 Sechs Tage sollst du arbeiten und all deine Arbeit tun.

14 Der siebte Tag aber ist Sabbat für Jahwe, deinen Gott. Du sollst keine Arbeit tun, du und dein Sohn und deine Tochter, **und** dein Sklave und deine Sklavin, **und dein Rind und dein Esel,** und dein **ganzes** Vieh und dein Fremder innerhalb deiner Stadttore, **damit sich ausruhe dein Sklave und deine Sklavin wie du.**

15 **Gedenke, dass du Sklave warst im Land Ägypten, und dass dich Jahwe, dein Gott, von dort herausgeführt hat mit starker Hand und mit ausgestrecktem Arm. Deshalb hat Jahwe, dein Gott, dir geboten, den Sabbattag zu halten.**

16 Ehre deinen Vater und deine Mutter, **wie dir geboten hat Jahwe, dein Gott,** damit lang sein werden deine Tage **und damit es dir gut gehen wird** auf dem Erdboden, den Jahwe, dein Gott, dir gibt.

17 Du sollst nicht morden.

18 **Und** du sollst nicht ehebrechen.

19 **Und** du sollst nicht stehlen.

20 **Und** du sollst nicht aussagen gegen deinen Nächsten als **Zeuge des Truges.**

21 **Und** du sollst nicht begehren die **Frau** deines Nächsten. **Und** du sollst nicht **verlangen** das **Haus** deines Nächsten, **sein Feld** und seinen Sklavin und seine Sklavin, sein Rind und seinen Esel

und alles, was deinem Nächsten gehört.

Bild- und Literaturhinweise

Bilder:

Den Texten Wolfgang Dietrichs wurden Bilder unterschiedlicher Herkunft gegenübergestellt: **Zeichnungen des Reutlinger Künstlers Klaus Hoffmann** (S. 9, 31, 43, 55, 69, 93), die ursprünglich als Vorskizzen für einen Bildzyklus zu den 150 Psalmen entstanden, und **Motivausschnitte aus dem Zyklus »The ten Commandments« (Die Zehn Gebote) des Amerikaners Keith Haring** (1958-1990).

Den Werkzyklus der Zehn Gebote malte Haring für das Musée d'Art Contemporain 1985 in Bordeaux. Die Vorgabe bildeten die Arkaden des Museums (je 7,70m x 5m), in die er seine Interpretation der Zehn Gebote einfügte.

Die Ideen für die Umsetzung seiner Vorstellungen und Gefühle kamen dem Künstler blitzartig bei einem Discobesuch 1985 in New York. In Bordeaux angekommen setzte er seine Phantasien in die zehn Bilder um, drei Tage und Nächte hindurch malte er.

Leitmotiv der Bilder ist der Anfang des ersten Gebots: Ich bin der Herr, dein Gott. Gleichwohl vermitteln die Bilder nicht die lehrhafte Wiedergabe der Zehn Gebote wie z.B. bei Lukas Cranach. Sie sind eine freie Zusammenfügung der von Haring benutzten Zeichen und regen einen assoziativen Diskurs zwischen dem Betrachter, den biblischen und zeitgenössischen Inhalten an. Die hier abgebildeten Motive (S. 21, 81, 105, 117, 129) zeigen Ausschnitte des eigentlich farbigen Zyklus. In Gruppen können sie die Teilnehmer/-innen zu kreativer Auseinandersetzung und künstlerischer Ausgestaltung anregen.

Literatur:

Albertz, Heinrich (Hg.), Die Zehn Gebote. Eine Reihe mit Gedanken und Texten, Stuttgart 1987.

Crüsemann, Frank, Bewahrung der Freiheit. Das Thema des Dekalogs in sozialgeschichtlicher Perspektive, Gütersloh [2]1998.

Lochman, Jan Milic, Wegweisung der Freiheit. Die Zehn Gebote, Stuttgart 1995.

Meurer, Thomas, Von den »Zehn Geboten« den Kindern erzählt, Kevelaer 2000.

Pöhlmann, Horst Georg/Stern, Marc, Die Zehn Gebote im jüdisch-christlichen Dialog, Frankfurt a.M. 2000.

Schmidt, Susanna (Hg.), Anstöße zum Glücklichsein. Was die Zehn Gebote heute bedeuten können, Ostfildern 2000.

Themenheft **»Die Zehn Gebote. Weisungen zum Menschsein«**, in: **Welt und Umwelt der Bibel** Nr.17, 3/2000.

Zur Behandlung von Keith Harings »The ten Commandments« im Unterricht ist in der Zeitschrift **»forum religion« (Nr. 4/98, S. 3-11)** unter dem Titel »Zerreißprobe des Lebens« ein Aufsatz von Werner Meyreiß erschienen. Dazu ist ein Foliensatz mit ausgewählten Bildern aus dem Zyklus bestellbar.

Zu beziehen bei: pti Kassel (z.Hd. Frau Viehmann), Heinrich-Wimmer-Str. 4, 34131 Kassel, Tel: 0561/93 07-131; Fax: 0561/93 07-177, E-Mail: Baerbel.Viehmann@reliweb.de

Mitarbeiterinnen und Mitarbeiter

Prof. Dr. George Augustin (geb. 1955) ist Priesterseelsorger in der Diözese Rottenburg-Stuttgart und Professor für Dogmatik an der Theologischen Hochschule Vallendar. Seine Anschrift: Delpweg 12, 70565 Stuttgart.

Dipl.-Theol. Dieter Bauer (geb. 1956) ist Wissenschaftlicher Mitarbeiter beim Katholischen Bibelwerk e.V. Seine Anschrift: Ludwigstr. 18, 73240 Wendlingen.

Dipl.-Theol. Simone D'Avis (geb. 1969) ist Doktorandin im Fach Katholische Theologie. Ihre Anschrift: Berrenrather Str. 123-127, 50937 Köln.

Prof. Dr. Wolfgang Dietrich (geb. 1925) ist Professor für Theologie und Religionspädagogik in Hannover und Marburg. Seine Anschrift: Leopold-Lucas-Straße 41, 35037 Marburg.

Dipl.-Theol. Barbara D. Leicht (geb. 1963) ist Wissenschaftliche Mitarbeiterin beim Katholischen Bibelwerk e.V. Ihre Anschrift: Brahmsweg 12, 70195 Stuttgart.

Prof. Dr. Dietmar Mieth (geb. 1940) ist Professor für Theologische Ethik an der Universität Tübingen. Seine Anschrift: Liebermeisterstraße 12, 72076 Tübingen.

Dipl.-Theol. Marlies Mittler-Holzem (geb. 1962) ist freiberufliche Erwachsenenbildnerin und Kommunikationstrainerin. Ihre Anschrift: Kastanienweg 38, 72144 Dusslingen.

Dr. Franz-Josef Ortkemper (geb. 1939) ist Direktor des Katholischen Bibelwerks e.V. Seine Anschrift: Lenaustraße 6, 71332 Waiblingen.

Dipl.-Theol. Hans-Joachim Remmert (geb. 1961) ist Pastoralreferent in Dagersheim/Darmsheim und Freier Mitarbeiter beim Katholischen Bibelwerk e.V. Seine Anschrift: Tessiner Str. 13, 71069 Sindelfingen.

Annegret Puttkammer (geb. 1963) ist evangelische Pfarrerin. Ihre Anschrift: Herrngasse 7, 65812 Bad Soden.

Dipl.-Theol. Bettina Wellmann (geb. 1971) ist Wissenschaftliche Mitarbeiterin beim Katholischen Bibelwerk e.V. Ihre Anschrift: Fleischhauerstraße 30, 70567 Stuttgart.

Dr. Wolfgang Wieland (geb. 1943) ist Referent für theologische Erwachsenenbildung beim Bildungswerk der Diözese Rottenburg-Stuttgart und Diözesanleiter des Katholischen Bibelwerk e.V. Seine Anschrift: Kirchplatz 10, 70771 Leinfelden-Echterdingen.

Klaus Hoffmann (geb. 1941) ist Bildender Künstler und Kunsterzieher. Seine Anschrift: Tuchbleiche 9, 72768 Reutlingen.

Quellenhinweise

Bilder:

Umschlagbild: © Tom Eggert;

S. 9, 31, 43, 55, 69, 93: © Klaus Hoffmann, Reutlingen;

S. 21, 81, 105, 117, 129: Foliensatz zu Keith Harings »The ten Commandments«, pti Kassel.

Cartoons:

S. 67, 127: © Löwensteiner Cartoon Service, Tuttlingen.

Zitierte Bibeltexte aus:

S. 140: Übersetzung von Ludger Schwienhorst-Schönberger, in: Welt und Umwelt der Bibel Nr. 17 (3/2000) © Katholisches Bibelwerk e.V.

- Einheitsübersetzung der Heiligen Schrift (EÜ), © Katholische Bibelanstalt, Stuttgart 1980.
- Gute Nachricht Bibel, © Deutsche Bibelgesellschaft, Stuttgart 1997.
- Lutherbibel. Standardausgabe mit Apokryphen, © Deutsche Bibelgesellschaft, Stuttgart 1985.
- Martin Buber/Franz Rosenzweig, Die Schrift. Band 1, Gerlingen [11]1987.
- Leopold Zunz, Die vierundzwanzig Bücher der Heiligen Schrift nach dem masoretischen Text, Sinai-Verlag/Tel-Aviv 1997.

Gedichttexte:

S. 8, 20, 30, 42, 54, 68, 80, 92, 104, 116, 128: © Katholisches Bibelwerk e.V., Stuttgart; S. 79: Lehre des Ani, in: Die Weisheitsbücher der Ägypter, eingeleitet, übersetzt und erläutert v. Hellmut Brunner © 1988 Patmos Verlag GmbH & Co.KG Artemis & Winkler Verlag, Düsseldorf und Zürich; S. 41: Kurt Marti, geduld und revolte. die gedichte am rand © 1995 by Radius-Verlag, Olgastr. 114, 70180 Stuttgart; S. 27, 115: Du wirst nicht stehlen/ Wenn dein Gott der Gott ist © Wolfgang Dietrich, Marburg.

Tanz:

S. 19: Marlis Ott, Bewegte Botschaft. Liedtänze zum Tages-, Jahres- und Lebenskreis © Theologischer Verlag Zürich/Verlag am Eschbach, [2]1998

Trotz aller Bemühungen konnten die Urheberrechte leider nicht in jedem Fall ermittelt werden. Wir bitten gegebenenfalls um Mitteilung.